Les paradoxes de la coopération

Groupe Eyrolles
61, bd Saint-Germain
75240 Paris Cedex 05

www.editions-eyrolles.com

Composition : Istria

Imprimé en Allemagne par BoD
Dépôt légal : Janvier 2022

ISBN : 978-2-212-57001-4

Patrick Scharnitzky

Les paradoxes de la coopération

Comment rendre le collectifs (vraiment) intelligent

EYROLLES

Sommaire

À celle qui fait tant pour celles et ceux qu'elle aime.

Il est temps maintenant qu'elle prenne soin d'elle-même.

Préambule

L'engouement pour le tout-collaboratif : entre nécessité organisationnelle et naïveté intellectuelle

L'entreprise fait intervenir de multiples acteurs enchevêtrés dans une structure historiquement pyramidale, organisée, distribuant des statuts, des rôles et du pouvoir. Cette organisation permet la structuration du travail, l'allocation des tâches et, surtout, la prise de décision. Trop longtemps, les entreprises ont été pilotées uniquement de façon verticale avec des consignes « top-down », qui sont le fruit de décisions prises au sommet de la pyramide et qui, de strate en strate, se transforment en ordres, règles et consignes qui descendent en cascade jusqu'au plus bas de l'échelle d'exécution. Dans l'autre sens, on a inventé des dispositifs « bottom-up », faisant remonter des problèmes concrets, des revendications ou des appétences personnelles. Cette circulation verticale a toujours été pensée dans des allers-retours permettant un ajustement intelligent de l'activité professionnelle.

Mais on a longtemps négligé l'horizontal, c'est-à-dire ce qui se joue entre les personnes qui composent les collectifs de travail. Et c'est très vrai concernant les processus décisionnels. Comment, en effet, un collectif échange-t-il, confronte-t-il ses idées et prend-il des décisions raisonnables et raisonnées ? Alors que la recherche scientifique en psychologie sociale est prolifique depuis plus de cinquante ans sur la question[1], les entreprises ne se sont emparées que très récemment de ce sujet pour une raison simple : elles sont longtemps restées coincées dans une vision verticale de leur organisation. De fait, on a exploré les relations interpersonnelles verticales en étudiant le management, et les psychologues ont investi l'entreprise autour des dynamiques individuelles du travail : la motivation, l'engagement, la personnalité ou le potentiel d'évolution dans sa carrière. À l'autre extrême, on a beaucoup étudié la structure organisationnelle dans son ensemble de façon systémique. Comment, par exemple, une culture d'entreprise se constitue autour de valeurs communes.

Mais peu de travaux entre ces deux approches, au moins jusqu'au début des années 2010 ! La thématique qui a le plus retenu l'intérêt des entreprises sur ce sujet est celle de la productivité, et l'on comprend pourquoi. Très tôt, les chercheurs américains se sont intéressés à la façon dont il fallait faire travailler un collectif pour le rendre productif et augmenter la motivation comme l'effort de chacun[2].

Si l'entreprise ne s'est pas occupée de ce sujet plus tôt, c'est simplement que les décisions n'étaient pas collectives ! Elles étaient le fait du prince qui décide, donne ses consignes et oriente tout le système vers la performance. En revanche, on

1. Voir Drozda-Senkowska, E. (1995).
2. Lewin K., Lippitt R. et White R. K. (1939) ; White R.K. et Lipitt R. (1960).

s'est intéressé aux biais individuels dans le processus décisionnel. Tant dans le cadre professionnel que dans les situations du quotidien, pléthore de livres listent les erreurs imputables aux décisions individuelles, avec des opus tels que *Arrêtez de vous tromper ! 52 erreurs de jugement qu'il vaut mieux laisser aux autres*[3] ; *Les décisions absurdes*[4] ; *Pourquoi faisons-nous des choses stupides ou irrationnelles ?!*[5] ; ou encore la *Petite philosophie de nos erreurs quotidiennes*[6]. Les auteurs y décortiquent les biais cognitifs donnant lieu à des erreurs individuelles. Tous ces livres sont intéressants, utiles et bien argumentés, mais ils n'abordent pas le sujet des biais décisionnels collectifs.

Un pan remarquable de la psychologie sociale a aussi investi depuis de longues années les questions de l'influence sociale et de la manipulation[7]. Les auteurs décortiquent ces techniques, mais essentiellement au niveau interpersonnel. Ces recherches ne rapportent donc pas, ou peu, ce qui se joue de façon systémique dans un collectif.

Puis, au début des années 2010, les entreprises et le monde de la recherche se sont d'un coup emparés de la question de l'horizontalité des relations professionnelles, mus par le besoin nouveau de stimuler une coopération agile dans les organisations. Alors pourquoi cette question émerge-t-elle enfin dans les entreprises et pourquoi maintenant ? Deux raisons essentielles à cela.

La première concerne l'évolution planétaire du travail et des marchés. Le travail s'est mondialisé, la concurrence est aujourd'hui protéiforme et toutes les entreprises font ou ont dû

---

3. Dobelli R. (2012).
4. Morel C. (2002, 2012).
5. Delouvée S. (2012).
6. De Brabandère L. et Mikolajczak A. (2011).
7. Pour une revue sérieuse de questions, voir Beauvois J.-L. et Joulé R.-V. (2014) ; Joulé R.-V. et Beauvois J.-L. (2017) ; Cialdini R. (2004) ; et Guéguen N. (2014).

faire face à des menaces de toutes formes[8]. Le travail n'est plus le fruit de quelques énormes multinationales dans un nombre réduit de pays. Il est porté et incarné par des entreprises de toutes tailles, dans tous les coins du monde et, de fait, de nouvelles formes d'organisation sont apparues pour venir concurrencer les modes organisationnels classiques. La vague des start-up, avec l'avènement du numérique notamment, a déferlé en tant que modèle alternatif, nettement plus séduisant, surtout pour les plus jeunes. Les codes de l'entreprise traditionnelle s'en sont retrouvés bouleversés, que ce soit en termes d'organisation, de recrutement, de normes langagières et vestimentaires ou de modalités de prise de décision. C'est toute la pyramide classique des grandes entreprises qui se trouve ainsi remise en question et menacée par l'agilité de ces nouvelles organisations plus récentes, donc plus aptes aux changements dans ses modes de fonctionnement. Cette révolution est tellement forte que de très grands groupes organisent pour leurs dirigeants des voyages dans la Silicon Valley afin de rencontrer des CEO de 30 ans en bermuda qui leur expliquent comment ils fonctionnent. Quel choc culturel ! Tant et si bien qu'aujourd'hui, toutes les entreprises affichent la volonté de restructurer profondément leur fonctionnement en mettant le collectif, et non plus l'individu, au cœur de leur dispositif.

La seconde raison de l'urgence du questionnement sur les dynamiques décisionnelles collectives est l'avènement de nouveaux modèles sur l'organisation du travail, eux-mêmes produits par ces changements observés et nécessaires dans les entreprises modernes. Ces nouveaux courants de pensée s'incarnent dans trois concepts essentiels, et finalement assez proches dans leur

8. Voir le modèle des « cinq forces de Porter » (1979), recensant les cinq formes de concurrence élargies auxquelles fait face l'entreprise : à la concurrence directe s'ajoutent donc les menaces représentées par les nouveaux entrants, les produits de substitution, le pouvoir de négociation des fournisseurs, et enfin, celui des clients.

fondement intellectuel : l'« holacratie[9] », système d'organisation de gouvernance fondé sur la mise en œuvre formalisée de l'intelligence collective (que nous détaillerons dans le premier chapitre), le« management agile[10] » et, surtout, l'« entreprise libérée ».

Pas une journée dans les instances dirigeantes des grandes entreprises sans qu'on évoque l'entreprise libérée, qu'on la vante, qu'on tente d'en comprendre les rouages ou qu'on la décrie. Mais cette popularité suffit à comprendre à quel point le sujet du collectif est devenu une réelle préoccupation. En France, ce sont Jean-François Zobrist[11] et Isaac Getz qui ont lancé le sujet, avec notamment deux livres à succès pour ce dernier : *Liberté & Cie. Quand la liberté des salariés fait le bonheur des entreprises*[12] et *La liberté, ça marche ! L'entreprise libérée, les textes qui l'ont inspirée, les pionniers qui l'ont bâtie*[13].

Deux idées fortes émergent dans cette théorie de l'entreprise libérée. La première est de casser les niveaux hiérarchiques qui sclérosent les relations professionnelles et enferment les salariés dans des postures empêchant l'innovation et l'émergence de nouvelles idées. Plus de chef, plus de rapports de pouvoir, que des collaborateurs qui travaillent ensemble et qui s'inscrivent dans le « tout CO » : on CO-construit, on CO-opère, on CO-agit et on CO-décide dans un idéal de démocratie participative. La seconde, qui découle de la première, est de libérer les salariés de tout ce qui freine leur énergie à agir, à penser, à contester ou à entreprendre. Et c'est bien l'accumulation de ces énergies libérées qui, selon cette approche, fait le succès et la performance des entreprises pilotes. Ce modèle s'appuie de fait sur

9. Robertson B. J. (2016).
10. Barrand J. (2017) ; Lothon F. et Carfantan J. (2017).
11. Voir l'interview de Jean-François Zobrist, « L'entreprise libérée par la confiance », sur la chaîne YouTube AlterNego vidéos (2014).
12. Carney B. M. et Getz I. (2009).
13. Getz I. (2016).

de nombreux exemples empiriques d'entreprises qui ont tenté et réussi leur conversion. Ça marche donc, sur la base de deux piliers interdépendants : la liberté et la coopération.

Dans l'entreprise

Si les premières formes d'entreprises libérées naissent aux États-Unis à la fin des années 1950, à l'instar de W. L. Gore and Associates, en France, Jean-François Zobrist fait office de précurseur. En effet, il fut le premier à éliminer les mécanismes de contrôle au sein de l'entreprise FAVI, une fonderie de cuivre dont il est devenu le directeur général en avril 1983. Sous son leadership, plus de pointeuse, les activités de contrôle disparaissent et les salariés décident de tout librement : leur salaire, leurs congés, leurs horaires, l'implantation des machines, les investissements... Les résultats de la confiance sont au rendez-vous : FAVI est devenue leader dans son secteur en fournissant la moitié des constructeurs automobiles européens. En 2016, son chiffre d'affaires dépassait les 63 millions d'euros !

De son côté, l'approche de l'« entreprise agile » propose de rompre avec le management classique et hiérarchique. L'agilité repose sur plusieurs piliers : l'autonomisation et l'implication des équipes et des salariés, la simplicité des échanges et des consignes, une remise en question permanente des choix et des objectifs, une priorité donnée à la créativité et au droit à l'erreur, et un fonctionnement collaboratif en mode projets. Sur ce dernier point, la méthode « *scrum* » est la tête de gondole de ce mode de fonctionnement[14]. Le *scrum* (la mêlée du rugby, en anglais) est une méthode agile de gestion de projets, utilisée notamment pour le développement de logiciels informatiques. Ce mode d'organisation repose d'une part sur le tout-collaboratif avec un *scrum master* qui se positionne en pilote et non plus

14. Aubry C. (2015).

en manager. Ce dernier est garant du bon fonctionnement du collectif. D'autre part, le mode *scrum* morcelle le temps (beaucoup de réunions, mais courtes, avec notamment les *daily scrum* de quinze minutes), les besoins et les équipes (entre cinq et neuf personnes au maximum) pour mieux identifier les tâches à accomplir et progresser plus rapidement.

Le propos de ce livre n'est pas du tout de dénigrer ces approches ou de jouer le rôle du briseur d'ambiance dans cet enthousiasme collectif euphorisant. Il ambitionne à tout le moins de soulever quelques réflexions, essentiellement concernant la question de la coopération. En effet, le nouveau totem du « tout-CO », transversal à tous ces nouveaux modèles organisationnels, n'est pas sans poser quelques interrogations sur sa faisabilité et sur les conditions de son efficacité. Car le fait d'imposer, d'un coup, à toutes les entreprises et à tous leurs salariés un modèle coopératif est bel et bien en train de se produire, alors que certaines questions restent en suspens. Sommes-nous par exemple programmés socialement pour coopérer ? En avons-nous seulement l'envie, et en tirons-nous un quelconque plaisir ? La coopération est-elle la condition de notre liberté, pour reprendre le second pilier de l'entreprise libérée ? Et, surtout, sommes-nous tous égaux et prêts à vivre cette transformation qui nous fait passer d'un modèle individualiste à une norme collectiviste ? Toutes ces questions se posent, mais loin de moi l'idée de livrer une pensée métaphysico-philosophique.

Ce livre a pour ambition d'ouvrir des points de vigilance et d'analyse sur la base de travaux scientifiques en psychologie sociale qui livrent des résultats laissant entendre que la coopération a des limites et, surtout, qu'elle doit respecter des conditions pour devenir opérationnelle. En outre, ce livre porte sur le fonctionnement des « collectifs de travail », c'est-à-dire sur les biais décisionnels menaçant de petites équipes avec un focus particulier sur les enjeux et les mécanismes psychologiques de la dynamique coopérative. Il ne traite pas ou peu des enjeux systémiques ou globaux liés à l'intelligence collective[15].

Le premier chapitre de ce livre pose les bases de ce qu'est un collectif de travail. Comment est-il constitué, pourquoi l'entreprise ne peut-elle pas se passer d'un tel mode organisationnel aujourd'hui, quelle est sa fonctionnalité ? Et, surtout, quelles dynamiques traversent les collectifs en interne ?

Dans les chapitres suivants sont évoqués dans un premier temps les biais collectifs sur la performance avec deux illustrations : la paresse sociale, qui affaiblit l'engagement individuel de chacun dans un groupe, ce qui aboutit à une baisse de la performance globale, et les dangers de la facilitation sociale, lorsque le collectif mise de façon abusive sur la compétition comme unique moteur de la motivation.

Il s'agit ensuite d'évoquer les biais collectifs qui se rapportent au façonnement des opinions. Dans un premier temps seront passés en revue les mécaniques de la normalisation, qui montrent comment un groupe peut aboutir à une opinion « molle » et moyenne dans le seul but de maintenir un climat social apaisé alors que cette réponse collective est insatisfaisante. Puis les dérives de la polarisation collective, ou comment, par le débat, un groupe peut radicaliser les opinions individuelles au point de générer une opinion collective plus extrême et donc plus risquée. Un dernier chapitre concerne le conformisme et le nivellement des opinions minoritaires et dissidentes sous le poids de la majorité qui impose ses normes.

Enfin sont présentés deux biais collectifs majeurs à même de biaiser les décisions. D'une part, les travaux sur l'obéissance, qui montrent comment une autorité abusive peut mener un groupe à des décisions aveugles. D'autre part, seront analysés

15. Voir pour une modélisation systémique et organisationnelle le livre de Olivier Zara, *Le management de l'intelligence collective. Vers une nouvelle gouvernance* (2016).

les pouvoirs implicites, cachés, voire tabous, qui polluent les relations professionnelles et la bonne marche des collectifs.

Chaque chapitre est illustré par des encadrés concernant des expériences en laboratoire (« En labo »), des exemples de notre quotidien (« Dans la vraie vie ») et des situations concrètes, tirées d'expériences du conseil (« Dans l'entreprise »), ce qui permet d'en rendre le propos concret, illustré et argumenté sur la base d'un savoir scientifique éprouvé. Enfin, chaque chapitre se conclut par une liste de conseils pratiques à mettre en place pour tenter de s'affranchir des biais énoncés. Ils peuvent soit décrire une posture générale, soit proposer une action concrète du quotidien professionnel.

En conclusion de ce préambule, je voudrais citer le génial Albert Jacquard. Voilà comment il aborde la question de la coopération : « La morale collective nous fait croire que l'important, c'est de l'emporter sur les autres, de lutter, de gagner. Nous sommes dans une société de compétition. Mais un gagnant est un fabricant de perdants. Il faut rebâtir une société humaine où la compétition sera éliminée. Je n'ai pas à être plus fort que l'autre. Je dois être plus fort que moi grâce à l'autre[16]. » C'est la meilleure définition que l'on puisse trouver de la coopération. J'espère que ce livre fera de vous et des acteurs de vos entreprises de meilleurs coopérants, au service du bien-être de chacun et de la performance de toutes et tous.

16. Jacquard A. (2008).

chapitre 1

Le collectif de travail. Pourquoi ? Comment ?

Ce premier chapitre présente les concepts et les enjeux utiles à la compréhension des biais décisionnels dans les collectifs de travail. Que définit-on par collectif de travail ? En quoi est-il un groupe social spécifique[17] ?

17. Pour une revue de questions sur la notion de groupe social, voir Aebischer V. et Oberlé D. (2016) ; Beauvois J.-L., Mugny G. et Oberlé D. (1995).

Les caractéristiques et la fonctionnalité des collectifs de travail

Un collectif de travail est un groupe social primaire, régi par des règles de fonctionnement et de communication formelles et informelles, qui s'inscrit dans un système plus large et dont le double objectif est la performance de tous et la reconnaissance de chacun. Il est donc une forme particulière de groupe social.

En labo

Kurt Lewin, le père de la « dynamique des groupes », définit en 1948[18] le groupe comme un « ensemble de personnes qui vont, pendant un certain temps, interagir, s'influencer mutuellement et se percevoir comme un "nous" ». Il explique en outre que le groupe est un tout supérieur à la somme de ses parties, et les processus de groupe ne se déduisent pas de la psychologie individuelle.

On retrouve dans cette définition concise mais complète les trois caractéristiques majeures d'un groupe social : la communication, plus ou moins soutenue en fonction de la taille du groupe ; l'interdépendance, qui lie les membres du collectif dans une relation d'influences réciproques ; et l'identité partagée, qui en est le ciment. Les membres d'un groupe partagent en effet une identité commune et le groupe devient un vecteur identitaire parfois même plus important que notre propre personnalité. On retrouve toutes ces composantes dans le collectif de travail.

18. Lewin K. (1948).

Le collectif de travail est un groupe primaire

Il s'agit d'un groupe de petite taille, dans lequel les contacts sont quotidiens et denses.

Dans l'entreprise

En fonction de la structure des organisations, on peut appartenir à de nombreux groupes. On aura, par exemple, le collectif des recruteurs, noyau dur et structurant du travail au quotidien, définissant des tâches et des rôles précis. Celui-ci sera la composante d'une branche plus large que sont les RH, en s'associant à d'autres groupes occupant d'autres fonctions. On pourra avoir, en fonction du découpage de l'organisation, un troisième niveau représenté par les fonctions support regroupant les RH et, par exemple, la communication ou le juridique. On comprend comment chaque salarié appartient à une multitude de groupes emboîtés, allant des plus primaires au plus larges. Mais chacun peut représenter un enjeu différent, notamment au niveau identitaire. Et, surtout, ces groupes peuvent s'appuyer sur des valeurs et des process différents, ce qui n'est pas sans provoquer des conflits à la fois entre les personnes et au niveau intrapsychique pour le salarié lui-même.

Le collectif de travail est un groupe formel avec des relations formelles et informelles

Les groupes formels sont organisés autour d'une structure et de statuts clairement définis. C'est, par exemple, l'association avec son président, son vice-président, son trésorier, etc. L'entreprise au global est un groupe formel mais les collectifs de travail sont des groupes de petite taille régis à la fois par une organisation formelle sur la répartition des tâches, mais aussi informelle dans ses modes de fonctionnement et ses codes implicites. C'est à ce titre que le collectif de travail est une structure intéressante à étudier car c'est bien ce double niveau qui produit, souvent, des biais décisionnels.

Le collectif de travail existe à l'intérieur du « système entreprise »

C'est l'école de Palo Alto qui a conceptualisé l'approche systémique. Selon celle-ci, il est illusoire de comprendre, et encore moins de corriger, les dysfonctionnements relationnels sans prendre en compte l'environnement au sens large dans lequel ils se produisent. Cette approche définit les trois caractéristiques essentielles d'un système.

- *La structuration* : il existe des limites qui séparent le système de l'extérieur. Cette notion est importante car, pour le bon fonctionnement d'un système, il faut que ses acteurs soient convaincus qu'ils en font bien partie. À l'échelle de l'entreprise, on comprend que la question de la délimitation des bornes du système est devenue problématique du fait de la multiplicité croissante des statuts, des contrats et des modalités de travail de chacun. Cohabitent ainsi dans l'entreprise des CDI, des CDD, des stagiaires, des intérimaires, des alternants, des consultants détachés ou encore des fournisseurs mis à disposition, comme dans la grande distribution. Qui est dedans et qui est dehors ? Comment garantir la motivation, l'engagement, l'implication dans une dynamique coopérative lorsque tant de ces acteurs ne sont, symboliquement, pas inclus dans le système ?
- *La fonctionnalité* : un système est toujours « utile », sa vocation est de remplir une fonction. Celle-ci peut être totalement implicite (comme pour les groupes d'amis) ou beaucoup plus formelle, comme dans le cas d'une association humanitaire

ou d'un syndicat. Quant au système « entreprise », il se caractérise une nouvelle fois par son ambiguïté. En effet, la question de sa finalité est à même de générer des conflits de valeurs : serait-il mû par un unique objectif de rentabilité ? Cette posture est-elle d'ailleurs tenable en interne ? Elle induit de fait une méfiance de la part des salariés pour lesquels toutes les actions en termes de RSE[19] ou de QVT[20] peuvent être perçues comme « hypocrites » si la vocation finale se limite à la rentabilité. Le sujet est épineux. Par exemple, autoriser le télétravail est une démarche permettant aux salariés de réduire le temps passé dans les transports et par là même leur fatigue physique et mentale. Mais quelle en est l'ultime finalité ? Les rendre plus heureux ou plus opérationnels ? « Les deux ! », répondent aujourd'hui toutes les entreprises, à condition cependant que ce discours soit crédible. De la même façon, est-ce la fonction d'une entreprise que d'organiser des conférences sur le sommeil ou d'aider les salariés à arrêter de fumer ? La question se pose au regard des intentions sous-jacentes. Mais il ne fait pas de doute que la fonctionnalité de l'entreprise est un vecteur important pour la dynamique des groupes qui la composent.

- *L'interaction* : un système est nécessairement en interaction avec l'extérieur, composé d'autres systèmes, constituant un « écosystème ». En écologie, un écosystème renvoie à l'ensemble des éléments vivants et non vivants de l'environnement qui interagissent au sein d'une entité spatiale définie. Dans le monde de l'entreprise, on définira l'écosystème comme l'ensemble des opérateurs qui participent au fonctionnement du marché et s'inscrivent dans une filière caractérisée par une hiérarchie d'entités économiques en indépendance.

L'ouverture des marchés, la globalisation de la demande, le rapprochement des secteurs publics et privés, les bouleversements

19. Responsabilité sociétale des entreprises.
20. Qualité de vie au travail.

écologiques et sociétaux sont autant de facteurs aboutissant à une complexité croissante de l'environnement stratégique des entreprises. Dans ce contexte, ces dernières doivent penser un périmètre élargi, ce qui nécessite de prendre en compte les dynamiques d'interconnexion qui les lient à leur écosystème. L'entreprise doit donc prendre garde à rester en lien avec les autres systèmes de son orbite. Par exemple, elle doit adapter sa stratégie et ses process RH aux systèmes familiaux. Les évolutions vers une « dégenrisation » lente mais irréversible des rôles dans le cercle familial, le fonctionnement des cellules monoparentales et des modes de garde, la place de la religion dans le quotidien des collaborateurs ou encore la visibilité sociale des diverses orientations sexuelles sont autant d'éléments constitutifs de la société moderne que l'entreprise doit comprendre pour ne pas se déconnecter des autres systèmes[21].

Le collectif de travail remplit plusieurs fonctions :

- Un besoin de sécurité

Le groupe est un lieu, un territoire symbolique qui protège, rassure et permet de répondre aux menaces extérieures réelles ou supposées. Dans la vie de tous les jours, on voit comment les collectifs s'organisent parfois en réponse à des menaces.

Dans l'entreprise

On constate très vite le rôle rassurant joué par le collectif dans les situations de fusions-acquisitions. C'est la menace extérieure réelle ou fantasmée que représente « les autres » qui resserre les liens entre les membres d'un collectif. On se rapproche et on fait bloc derrière une identité commune qui peut s'incarner par un secteur d'activité, une marque ou encore un lieu, quand il est le symbole d'un territoire.

21. Scharnitzky P. et Stone P. (2018).

À l'échelle de l'entreprise, on voit comment le groupe est une cellule qui protège et fait bloc, par exemple au sein des RH quand les opérationnels remettent en question leur utilité ou leur mode de fonctionnement. À une toute autre échelle, on observe le même phénomène dans le processus des expatriations. Quand on est expatrié avec sa famille dans un pays inconnu, on cherche immédiatement le quartier dans lequel on trouvera d'autres Français, des écoles et de la nourriture françaises.

- L'atteinte d'objectifs

Le collectif permet également la mise en commun de forces individuellement insuffisantes pour atteindre certains desseins. Il rassemble et représente une opportunité pour faire face à des défis : l'entreprise est en cela une mise en synergie de talents divers et complémentaires. Comment construire une voiture sans la complémentarité de dizaines d'expertises techniques différentes ? Comment vendre ces voitures sans le marketing et la communication ? Comment se protéger de la concurrence sans le département juridique ?

- Une bonne estime de soi

L'identification à des groupes socialement valorisés permet, par transitivité, d'accéder à une image de soi positive. Le groupe est un vecteur identitaire essentiel, au point que certains psycho-sociologues ne font quasiment pas la distinction entre identité individuelle et sociale. L'IMIS (Inventaire multistade de l'identité sociale)[22] démontre comment notre identité personnelle peut être quasiment réduite à l'identification que nous exprimons envers huit groupes majeurs qui composent une matrice de base dans laquelle on retrouve l'activité professionnelle. « Que fais-tu dans la vie ? » n'est-elle pas une des premières questions que l'on pose quand on rencontre quelqu'un ? Notre profession est en somme un morceau de notre identité. Plus elle est valorisée, plus elle nous renvoie une bonne image de nous.

22. Zavalloni M. et Louis-Guérin C. (1984).

En labo

Manfred Kuhn et Thomas McPartland (1954) ont créé un test intéressant de mesure de l'identité sociale[23]. Le principe, très simple, consiste à demander aux répondants de répondre quinze à vingt fois de suite à la même question : « Qui suis-je ? » Les résultats mettent en évidence que la plupart des réponses (et surtout les premières) correspondent à des groupes d'appartenance. Personnellement, je pourrais répondre : « Je suis français », « Je suis un homme », « Je suis athée », « J'ai 49 ans », « Je suis conférencier ». Il est intéressant de noter que ces réponses ne sont que des références à des groupes ou à des catégories, mais ne donnent aucune information directe sur ma personnalité ou sur mon identité individuelle. Et pourtant ! Vous pouvez déduire tellement d'informations ou faire tellement d'hypothèses à mon propos sur la base de ces cinq informations !

- Le renforcement de la cohésion

La cohésion d'un collectif peut se définir comme la force qui unit ses membres et qui les incite à y demeurer. L'existence de collectifs forts dans un système large tel que l'entreprise peut faciliter le sentiment d'appartenance et ainsi augmenter la fidélisation. En effet, quand on est salarié d'un groupe de 100 000 personnes, l'anonymat représente un risque lié au sentiment d'interchangeabilité et de déresponsabilisation.

Enfin, la force du collectif repose sur la capacité de ses membres à se percevoir comme un « nous ». Et, dans le même temps, c'est précisément cet enjeu identitaire qui peut créer des dérives pragmatiques et décisionnelles comme le conformisme.

23. Kuhn M. H. et McPartland T. S. (1954) ; Deschamps J. C. et Molinier P. (2008).

La place de l'identité sociale dans le collectif

Appartenir à un collectif, c'est juste être « dedans », en partageant les règles et les rituels qui le décrivent. S'identifier à ce collectif, c'est considérer que celui-ci est constitutif de notre identité. De fait, l'identification confère un engagement fort. Cette distinction est majeure pour les entreprises et affecte lourdement la dynamique des groupes, l'engagement de chacun comme la performance collective.

Dans l'entreprise

L'alignement entre l'appartenance et l'identification à un groupe est un enjeu RH important en entreprise pour le recrutement ou l'évolution de carrière. Quand un jeune diplômé candidate par défaut dans une entreprise, il y a peu de chance pour que celle-ci devienne une source d'identification. Mais alors, comment pourrait-il être épanoui et productif ? Compliqué ! À l'inverse, la notoriété de certaines entreprises peut générer une volonté d'identification parfois abusive. Les étudiants sont souvent pétris de stéréotypes positifs envers des entreprises prestigieuses dans le luxe ou le conseil par exemple. Cela peut représenter un danger. D'une part, ces étudiants peuvent avoir développé une image faussée et se retrouver vite déçus par la réalité des faits, ce qui crée dans ces environnements un turn-over important. D'autre part, la volonté excessive d'être identifié à un groupe peut fortement augmenter les risques de conformisme ou de soumission abusive à l'autorité, deux dérives que nous aborderons dans la seconde partie de ce livre. Enfin, l'entreprise peut y perdre en créativité, en laissant proliférer des environnements homogènes, lisses et peu agiles.

Henri Tajfel[24] est l'auteur qui a le premier posé les fondations de l'effet des groupes sur notre identité sociale. Avec sa théorie éponyme, il démontre comment notre identité est façonnée par les groupes auxquels nous appartenons ou auxquels nous sommes assignés dans un contexte donné. Il applique un syllogisme implacable qui tient en trois lignes :

- toute personne « normale » souhaite accéder à une image de soi satisfaisante ;
- l'image de soi dépend de la manière dont nous nous représentons nos groupes d'appartenance ;
- le bien-être individuel passe donc par une valorisation de notre identité sociale et donc des groupes auxquels nous appartenons.

De fait, et quand c'est possible, nous faisons le choix d'appartenir à des groupes socialement valorisés. Mais, plus intéressant encore, Henri Tajfel explique comment nous fonctionnons si le groupe auquel nous appartenons est stigmatisé ou fait l'objet, dans l'entreprise, de stéréotypes négatifs. Ces groupes, dotés d'une mauvaise réputation[25] affectent négativement l'image de soi et deviennent une source de déséquilibre ou de mal-être. Alors que faire ? Henri Tajfel explique que la stratégie adaptative dépend de deux variables :

- les membres du groupe stigmatisé ont-ils le sentiment que le rapport de force en place peut changer ? Si oui, alors on voit s'agencer des stratégies collectives de revendications pour l'équité de traitement, par exemple ;
- les frontières entre les groupes sont-elles perméables ? Si oui, on assiste dans ce cas à une stratégie individuelle dite de « mobilité sociale ».

24. Tajfel H. (1982).
25. Voir Croizet J.-C. et Leyens J.-P. (2003).

Mais si le rapport de force est immuable et les frontières imperméables, comment faire ? Deux réactions sont possibles mais inefficaces pour soi et pour l'entreprise : soit on internalise et on rentre dans un processus dépréciatif de nous-même qui mène au désengagement et à l'autocensure ; soit on se compare positivement à l'intérieur de son propre groupe. Puisqu'on est « bloqué » dans le groupe stigmatisé, on se persuade qu'on est le meilleur.

Dans l'entreprise

C'est par l'internalisation du stigmate qu'on voit des femmes dépasser le plafond de verre en se masculinisant, c'est-à-dire en adoptant, consciemment ou non, les codes masculins dominants dans l'entreprise. Et là, on comprend qu'à long terme cela peut induire une perte de repères identitaires chez ces femmes, changer la nature de leurs relations aux autres (y compris dans la vie privée) et nuire à leur bien-être. De plus, pour l'entreprise, c'est une perte de la diversité réelle qui existe entre la construction sociale des femmes et celle des hommes. Dans un Comex, ce ne sont évidemment pas les différences anatomiques entre les femmes et les hommes qui font la richesse et la justesse des décisions prises, mais bien la diversité des rôles sociaux et des modes de fonctionnement entre les femmes et les hommes. Et c'est par la masculinisation que certaines femmes managers deviennent plus sexistes que leurs homologues masculins. Ces « Queen Bee[26] » sont dures avec les femmes qu'elles managent, intolérantes concernant la problématique de conciliation des temps de vie. Mais, d'un point de vue personnel, elles finissent par casser les liens avec les autres femmes et sont souvent rejetées pour devenir des contre-modèles de réussite. Pour l'entreprise, cela crée des conflits et des rivalités qui viennent renforcer le plafond de verre et l'autocensure des femmes managers intermédiaires qui ne veulent surtout pas « ressembler à ces tueuses qui ont réussi » !

26. Voir l'interview de Marie Donzel, « Le plafond de verre, ce n'est pas un conte de fées », sur la chaîne YouTube AlterNego vidéos (2016).

L'apport d'Henri Tajfel est aussi considérable pour comprendre le principe de fonctionnement des groupes dans une entreprise. Puisqu'elle est constituée d'une myriade de directions, de services, d'équipes ou de groupes transversaux créés autour de missions ponctuelles, l'entreprise prend le risque de voir se confronter des groupes dans la logique d'une guerre pour la valorisation de l'identité sociale. Et cela peut provoquer des conflits qui créent du mal-être et réduisent la performance collective.

Alors comment faire, dans la mesure où le rapport entre les groupes qui constituent une entreprise est inhérent à tout découpage hiérarchique ? C'est l'un des éléments de réponse que propose l'entreprise libérée et les organisations à plat. Plus on casse les rapports hiérarchiques, moins les statuts sont marqués, et plus on peut conduire l'ensemble du collectif vers une coopération saine.

Mais une forme de naïveté intellectuelle se cache derrière ce projet. En effet, cela reviendrait à considérer que, dans l'entreprise, les rapports de force ne sont dictés que par les codes qu'elle met en place et par le prisme des statuts officiels de chacun. Or, ce n'est pas le cas ! Les rapports entre les groupes dans l'entreprise sont en effet la reproduction de ce qui se joue à l'extérieur de ses murs. Le sexe, l'âge, la couleur de la peau, l'attractivité physique sont des critères sociaux d'évaluation et de comparaison sociale qui existent dans la société. Il est par conséquent très difficile pour l'entreprise d'aller à contre-courant car son pouvoir sur le changement des attitudes s'en retrouve réduit. De plus, les conflits entre les groupes sont souvent le produit d'un rapport de force fondé sur des comparaisons implicites. Quand bien même on arriverait à totalement effacer tous les rapports hiérarchiques officiels entre les salariés, il existerait encore un rapport de force sur des critères implicites, voire totalement anecdotiques, car l'estime de soi se construit toujours dans une dynamique comparative avec les autres[27].

Il convient donc d'abandonner l'illusion de pouvoir éradiquer toute forme de conflits entre les groupes. Ce qui ne serait même pas souhaitable ! En effet, la conflictualité peut être productive et source de richesses. Pas de conflit, donc pas de frottements, pas de confrontation d'idées, pas d'innovation. Afin d'aller vers une coopération intelligente, il s'agit au contraire, à l'instar des stéréotypes, de comprendre la dynamique de fonctionnement intrinsèque des groupes et la logique sous-jacente des conflits qui les opposent. Dit autrement, le rapport entre un dirigeant et un salarié n'est pas pollué par une différence de statut. Chacun peut accepter le rapport de force si les relations sont respectueuses, légitimes, équitables et que chacun accorde à l'autre la reconnaissance dont il a besoin. En somme, gommer les différences de statut ne peut pas être une solution efficace pour coopérer habilement. L'idéal consiste à assumer ces différences mais de les faire coexister de façon intelligente et raisonnée. Bien sûr, si, dans le même temps, l'entreprise peut assouplir les niveaux hiérarchiques et simplifier les relations entre ses strates, c'est encore mieux et c'est une base nécessaire. Mais pas suffisante.

La dynamique interne et les cycles de vie des collectifs

Le collectif fonctionne donc comme un réseau dense d'influences multiples sur la base de la perception et la subjectivité de chacun. C'est ainsi dans un modèle d'intersubjectivité que se

27. Voir Festinger L. (1954).

tissent les relations, et ces dernières suivent presque toujours une chronologie invariable à travers cinq stades[28].

- La formation

C'est la période durant laquelle un groupe se constitue. Il existe alors une grande incertitude sur son but, sa structure et les rapports de force entre ses membres. On se découvre, on s'apprivoise et les rôles commencent peu à peu à se dessiner. C'est donc une période où la question de l'objectif est cruciale. Comme l'évoque Simon Sinek[29], c'est la question du « pourquoi » qui doit être pensée avant le « comment » et le « quoi ». Si un consensus émerge autour de ce « pourquoi » avec un accord sur la fin et sur les moyens, l'idée du groupe peut émerger.

- L'agitation

Il s'agit là d'une phase incontournable de conflits structurels qui peut faire échouer des projets collaboratifs avant même leur lancement. C'est le moment où l'on détermine le statut, les rôles et le pouvoir de chacun. Les membres du groupe se confrontent car certains peuvent nourrir les mêmes aspirations. L'attention doit ici être portée sur la discussion et la négociation afin que la distribution des rôles soit admise par tous et « pour de vrai ». Car si l'un des membres fondateurs du groupe renonce à une fonction à contrecœur, il pourra nourrir une frustration qui ressortira tôt ou tard sous la forme de conflits nettement moins constructifs.

- La normalisation

Elle correspond à une étape d'accalmie dans les relations au sein du groupe. Passé le cap de l'agitation, tout le monde est « dans sa case », en connaissance de son champ d'action, de ses responsabilités et de ses fonctions. Le groupe démarre alors

28. Voir Gaunand A. (2017).
29. Sinek S. (2009).

doucement son fonctionnement, prend ses marques, bâtit des normes implicites.

- La performance

C'est LA période de pleine efficience du groupe, avec une structure très opérationnelle et acceptée par les membres. On connaît les rôles, on est efficace, on se comprend, on est complice et « tout roule ». Le groupe est à son apogée et il performe car il a atteint une certaine maturité et surfe sur la nouveauté, les découvertes. Il vit donc de la richesse (financière, intellectuelle, etc.) qu'il produit, satisfaisant de la sorte les attentes de chacun.

- La dissolution

Cette dernière étape est l'issue possible d'une période de performance pendant laquelle s'installe souvent la routine, et avec elle l'ennui et surtout une absence de remise en question du fonctionnement du groupe, justement parce qu'il était alors performant. « On ne change pas une équipe qui gagne ! », dit le proverbe. Quelle ineptie ! C'est justement quand tout semble aller pour le mieux qu'il faut réintroduire du changement, sans attendre que les problèmes fassent surface.

Tout collectif doit donc avoir à cœur de se maintenir en permanence au niveau 4 en acceptant, un temps, de revenir à l'étape de l'agitation et de la prise de risques. On sort de sa zone de confort, on recrute, on réoriente l'activité, on change le périmètre de chacun pour réintroduire du conflit structurel et faire repartir le groupe dans une nouvelle spirale ascendante. Et c'est d'autant plus facile d'instaurer le changement dans une dynamique positive que défensive.

La notion d'intelligence collective

Ces dernières années, beaucoup de travaux ont abordé la notion d'intelligence collective. Elle correspond à « l'ensemble des capacités de compréhension, de réflexion, de décision et d'action d'un collectif de travail restreint issu de l'interaction entre ses membres et mis en œuvre pour faire face à une situation donnée présente ou à venir complexe[30] ». Cette définition reprend plusieurs dimensions consensuelles. Ainsi, l'intelligence collective :

- ne peut pas se réduire à la somme des intelligences individuelles qui composent un collectif[31] ;
- est propre à un collectif restreint qui est constitué pour faire face à une situation de travail ;
- développe une capacité de résolution de problèmes complexes et de prise de décision[32].

Ces différents éléments de définition permettent de lister les différentes dimensions que l'on retrouve dans l'intelligence collective qui nous intéresse particulièrement par rapport aux biais qu'elle peut générer.

La première dimension est cognitive, elle-même composée d'une capacité du collectif à la compréhension, à la réflexion et à la décision[33]. En effet, l'intelligence collective est le produit d'une capacité à comprendre et à penser ensemble, à partager un savoir afin de construire une pensée commune. Mais si ces considérations semblent, à froid, très logiques et génèrent forcément

30. Gresselle-Zaïbet O. (2007).
31. Ribette R. (1995).
32. Pénalva J.-M. et Montmain J., (2004) ; Bonabeau E. et Theraulaz G., (1994).
33. Voir Leplat J. et De Terssac G., (1990) ; Ribette R., (2000).

l'adhésion intellectuelle, elles sous-estiment les dangers d'une co-construction collective de la pensée. Et c'est particulièrement vrai pour la question de la prise de décision, qui fera l'objet de toute notre attention dans les parties suivantes.

La deuxième dimension de l'intelligence collective est relationnelle, elle permet de tisser des liens au sein de l'équipe. On y retrouve la collaboration comme l'engagement mutuel des membres d'une équipe de travail dans un effort coordonné pour résoudre ensemble un problème[34]. Les bonnes relations dans une équipe qui peuvent produire de l'intelligence collective s'appuient également sur *l'autonomie* (de l'équipe et entre les membres de l'équipe). Et, bien sûr, cette intelligence relationnelle est indissociable de la *confiance*, que Francis Bidault et José Carlos Jarillo[35] définissent comme « la présomption que, en situation d'incertitude, l'autre partie va agir, y compris face à des circonstances imprévues, en fonction de règles de comportement que nous trouvons acceptables ». Là encore, cette dimension relationnelle et ces trois piliers ne peuvent que générer l'adhésion, mais avec une vision réductrice qui écarte la motivation individuelle de chacun à vouloir créer un relationnel positif.

En labo

Les réflexions concernant le processus décisionnel sont ainsi très récentes. C'est à ce titre que Jean-Édouard Grésy, Julien Ohana et Ricardo Pérez Nückel[36] ont déterminé les quatre moyens dont nous disposons pour prendre une décision à plusieurs, dans une situation potentiellement conflictuelle.

- *Le don :* dans ce registre, nous agissons de façon volontaire, par envie de développer la relation avec l'autre. Ce qui transite n'est alors ni quantifié ni quantifiable et nous donnons ainsi de manière

34. Everaere C. (1999).
35. Bidault F. et Jarillo J. C. (1995).
36. Grésy J.-E., Ohana J. et Pérez Nückel R. (2017).

inconditionnelle, même si nous attendons que l'on nous rende quelque chose en retour. On y retrouve par exemple les services rendus ou encore les cadeaux, avec l'idée du plaisir de faire plaisir.

- *La négociation :* elle consiste à rechercher une décision conjointe en vue de préciser les conditions d'un échange ou de surmonter un désaccord. Les solutions qui en émergent seront plus ou moins formalisées, mais en tout cas explicitées et acceptées d'un commun accord, en respectant le principe : « Pas de concession sans contrepartie ».
- *La règle :* du fait de la formalisation d'une infinité d'accords passés au fil du temps, un corpus de règles formelles ou informelles constitue un cadre considéré comme légitime. Ce registre se fonde donc sur des principes supérieurs aux protagonistes, ce qui leur permet de définir ce qui est juste ou injuste.
- *Le pouvoir :* il procède du rapport de force entre les acteurs en présence.

Cette approche est très intéressante car elle envisage différents niveaux de processus décisionnels collectifs en fonction des obstacles et de la facilité ou non à établir des relations permettant l'autonomie et la confiance.

La troisième dimension de l'intelligence collective est systémique. Il est en effet impossible d'imaginer qu'un collectif intelligent puisse être constitué sans qu'il soit organisé et crédibilisé dans et par un système[37]. Pour devenir « intelligente », chaque équipe restreinte doit être régie par des normes décisionnelles collectives. Mais que se passe-t-il si les normes extérieures sont différentes ? C'est le cas par exemple des grandes entreprises qui pratiquent, avec des start-up internes, des modes expérimentaux d'organisation collective. Comment trouver des équivalences pragmatiques de poste (liées par exemple aux mobilités internes) et des adaptations intellectuelles sur

37. Ribette R. (1995) ; Weick K. E. et Roberts K. H. (1993).

les modes de fonctionnement si tout le système ne baigne pas dans une culture du collectif reprenant les notions de partage, de confiance et de co-construction des idées ? On verra dans la seconde partie comment les normes sont difficiles à changer et comment elles affectent, les modes de pensée et les décisions, générant des biais collectifs forts.

Il apparaît en conclusion de ce chapitre que les collectifs de travail sont des entités inhérentes à tout système plus large tel que l'entreprise. Ils sont fonctionnels et leur dynamique coopérative est une condition nécessaire à l'apaisement des conflits et à leur bonne marche. Ils génèrent du bien-être individuel par la solidarité et de la performance par l'émulation réciproque de ses membres. Mais il serait naïf de penser que cela fonctionne de manière systématique.

Le « tout-CO », tellement à la mode, déferle sur les entreprises. On réorganise, on casse les pyramides et on place le collectif au cœur de tous les enjeux. Mais il semble que nous ne prenons pas suffisamment de recul, et que cette vague s'impose de façon dogmatique dans un jeu de concurrence ! Pourtant, quelques questions essentielles devraient être posées : Est-ce que l'être humain aime coopérer ? Par extension, en a-t-il envie ? Et y est-il vraiment préparé ? Son éducation lui a-t-elle donné les clefs et les outils de la coopération ? Mais, surtout, comment coopérer efficacement ? Comment stimuler des attitudes qui ne sont pas naturelles ? Sommes-nous toutes et tous à la même enseigne concernant nos appétences et nos compétences à coopérer ? Quelles sont les dérives des collectifs mal préparés à la coopération ? Et comment une équipe peut-elle provoquer des effets inverses à ceux escomptés ?

Les chapitres suivants passent en revue les différents biais collectifs qui conduisent les groupes à sous-performer, à construire des opinions erronées ou à prendre des décisions contre-productives.

chapitre 2

La paresse sociale.

Ou comment la coopération peut démotiver, désengager et déresponsabiliser

Quatre collègues plutôt brillants sont appelés à coopérer pour monter un projet d'intrapreneuriat. Ils ne se connaissent pas et sont « invités » à travailler ensemble. Ils se rencontrent, discutent, planifient et chacun témoigne de la bonne volonté et de l'enthousiasme pour ledit projet. Ils sont interdépendants dans la mesure où ils ne peuvent pas, par manque de temps et de moyens, mener à bien leur dessein seuls. Le résultat de leur travail sera présenté à la direction sans qu'il soit possible d'isoler la contribution individuelle de chacun. Le projet se destine à être validé collectivement… ou pas. Trois mois plus tard, la soutenance aboutit à un échec cuisant : au grand étonnement de tous, les idées sont pauvres, le document est bâclé et le projet est unanimement rejeté par le Codir. Comment l'association de ces quatre talents a-t-elle pu produire un bilan aussi médiocre sans que la valeur intrinsèque de chacun puisse être mise en cause ? Ils ont simplement été frappés par le syndrome de la paresse sociale.

En labo

On doit à Maximilien Ringelmann la toute première démonstration scientifique de ce phénomène[38]. Il propose aux participants de son expérience de mesurer leur force physique par un tensiomètre. Le principe consiste à tirer le plus fort possible sur une corde qui passe par une poulie et au bout de laquelle un poids mesure en kilogrammes la traction maximale atteinte. Dans un premier temps, les participants exécutent cet exercice seuls avec un poids moyen tracté de 87 kilos. Dans un second temps, un anneau est ajouté au bout de la corde, duquel partent sept cordes différentes, de sorte qu'il est possible de reproduire l'expérience par groupes de sept personnes. Le poids global tracté est bien entendu nettement supérieur, mais en le divisant par le nombre de participants, on constate que le poids moyen individuel tracté est de 81 kilos… Et quand on refait le même test avec quatorze personnes simultanément, ce poids moyen individuel tracté tombe à 65 kilos !

Comment expliquer cet effet néfaste de la coopération sur la performance[39] ?

38. Voir Pétard J.-P. (2007).
39. Pour une méta-analyse réalisée sur 80 publications, voir Karau S. J. et Williams K. D. (1993).

Un problème de coordination

C'est l'explication la plus mécanique de ce phénomène de paresse sociale. Pour tracter un poids important à sept ou à quatorze, il aurait fallu que tous les participants fournissent leur effort maximal exactement à la même seconde. La coordination des efforts individuels est donc un prérequis pour une coopération réussie. Les énergies doivent être fournies en même temps pour qu'elles deviennent additives et que leur somme produise ses effets.

Dans la vraie vie

C'est ainsi qu'on ruine une amitié de quinze ans lors d'un déménagement… Si les quatre meilleurs amis du monde ne soulèvent pas le buffet ancien de la grand-mère en même temps, il bascule dans les escaliers et des années plus tard on cherche encore à qui est la faute ! S'ils ne portent pas le vieux meuble tous au même moment, c'est-à-dire à la fin du fameux « 1, 2, 3, GO !», ceux de gauche risquent de soulever très fort une seconde avant ceux de droite, et le meuble se fracasse lamentablement.

Bien sûr, en entreprise, la coordination des efforts individuels se mesure rarement à la seconde près et il est rendu plus difficile de déceler ce genre de problème. Dans le cadre professionnel, le manque de coordination concerne des aspects tels que la superposition des actions : au sein d'une équipe, par exemple, deux personnes se retrouvent à effectuer la même tâche… et voilà des efforts vains ou gâchés ! Outre la double dépense de temps et d'énergie, il faudra rajouter le temps perdu à s'expliquer et à se justifier pour poser les choses à plat (quand ça ne dégénère pas en conflit !) et le temps à fusionner les deux livrables sans commettre d'erreur. Si ce problème de coordination est moins intéressant du point de vue psychologique, il serait malavisé de croire qu'il est le plus évident à corriger. Cela passe par une bonne communication entre les coopérants, afin qu'ils se distribuent clairement les tâches de sorte qu'elles ne se superposent pas. Ce n'est pourtant pas si simple, principalement pour deux raisons. D'une part, les consignes officielles, voire écrites, ne sont pas les plus répandues quand il s'agit de missions courtes et/ou ponctuelles. On échange surtout par voie orale, on se met d'accord de façon implicite, avec le risque de ne pas se comprendre. La parole est donc facilement oubliée ou mal interprétée ! D'autre part, nous avons la fâcheuse tendance à anticiper ce que fait ou fera l'autre en fonction de l'image que l'on a de lui. Saura-t-il le faire ? Le fera-t-il aussi bien que moi ? Et on le sait bien, on n'est jamais mieux servi que par soi-même ! De fait, une heure de travail fournie par quatre personnes peut ne pas égaler quatre heures de travail d'une seule.

Dans la vraie vie

À grande échelle, la déficience de coordination des collectifs peut donner lieu à des accidents qu'il est difficile de prévoir tant chacun mise de façon erronée sur le comportement des autres. En 2002, une grande partie de l'électorat de gauche a présupposé la présence de Lionel Jospin au second tour, en faisant l'impasse sur le vote du premier tour pour ne pas gâcher la fin du week-end. Pas de coordination possible, pas de communication globale efficace et des comportements individuels qui misent chacun sur des attentes fausses concernant les autres. En sciences économiques et en sociologie, on parle du « problème du passager clandestin », qui désigne le comportement d'une personne ou d'un organisme qui espère profiter d'un avantage sans y avoir investi autant d'efforts que les autres membres du collectif. Et voilà 500 000 électeurs qui font le même pari et dont les voix manquent, de sorte que nous avons connu le séisme Jean-Marie Le Pen au second tour…

Cet exemple met en évidence d'autres explications que l'on peut associer à celle de la coordination. La méta-analyse réalisée par S. Karau et J. Williams[40] montre que la paresse sociale est d'autant plus forte que les acteurs ne se connaissent pas et que le collectif n'est pas cohésif. Elle est aussi forte quand les tâches sont redondantes et non pas complémentaires. Enfin, plus le groupe est important et plus la paresse est logiquement forte. Le vote est ainsi un acte qui remplit toutes les conditions de l'émergence d'une paresse sociale forte.

Une rentabilité trop faible de l'effort individuel

La seconde explication repose sur le calcul implicite que nous faisons souvent entre un effort fourni et le bénéfice que nous espérons en retirer. La motivation au cœur de nos efforts repose sur la confiance que nous avons dans le résultat obtenu. Mais faisons un détour par les modèles de la motivation pour bien comprendre ce phénomène. Dans les approches classiques, le modèle VIE (valence/instrumentalité/expectation) de Victor Vroom[41] explique et modélise parfaitement cette question de la rentabilité perçue. Il nous explique que la motivation réside dans une série d'attentes de trois catégories.

- *La valence* correspond à la valeur que nous attribuons au résultat escompté. Suis-je certain que mon effort en vaille la peine ? Me semble-t-il rentable ? Serais-je à coup sûr récompensé ? Plus l'effort demandé est important, plus le doute sur sa rentabilité est élevé et plus il est difficile de se motiver. C'est autant valable pour l'étudiant qui débute sa première année de médecine sans garantie aucune de figurer dans les 10 % d'heureux admis, que pour le sprinter en herbe qui

40. Karau S. J. et Williams K. D. (1993).
41. Vroom V. (1964).

commence à préparer en 2018 une course de dix secondes qui aura lieu lors des Jeux olympiques de 2024, ou encore pour l'entrepreneuse ou l'entrepreneur qui se lance dans la création de son entreprise.

- *L'instrumentalité* caractérise les moyens utilisés pour atteindre nos objectifs. La motivation repose en effet en grande partie sur les moyens mis en œuvre pour réussir et sur la confiance que nous accordons en ces derniers. L'étudiant est-il dans la bonne université ? Dispose-t-il des bonnes techniques de révision ou d'apprentissage ? Le sportif a-t-il fait le choix du bon entraîneur ? Et ce chef d'entreprise est-il confiant dans le projet qu'il lance ou le produit qu'il veut commercialiser ? S'entoure-t-il des bonnes personnes ?
- *L'expectation,* enfin, représente l'image de soi et le degré de confiance que nous avons dans notre capacité à réussir. Elle est en partie liée à notre personnalité mais elle n'en demeure pas moins très influencée par le contexte, les encouragements et autres soutiens extérieurs. L'étudiant en médecine doit ainsi être convaincu qu'il peut y arriver. Pour cela, il s'appuie par exemple sur ses résultats en maths ou sur ses modèles familiaux.

Au-delà d'identifier ces trois paramètres essentiels à la motivation, Victor Vroom va jusqu'à modéliser la manière dont ils se conjuguent. Il ajoute ainsi deux éléments à son modèle : d'une part, il explique que ces trois facteurs ne sont pas additifs mais multiplicatifs. Imaginons que l'on puisse leur attribuer à chacun un score compris entre « 0 » (motivation nulle) et « 10 » (motivation maximale). Un score optimal de motivation serait alors de 1 000 (10 × 10 × 10), un score moyen serait de 125 (5 × 5 × 5) mais, surtout, si l'un des trois paramètres est nul, la motivation devient par là même annihilée car un score de « 0 » annule les deux autres paramètres. Le sportif convaincu que son entraîneur n'est pas le bon (instrumentalité nulle) sera totalement démotivé alors même qu'il a une grande confiance en lui et qu'il est convaincu de sa réussite dans l'absolu. Pour retrouver sa motivation, il devra soit être contredit dans l'opinion qu'il a de son entraîneur, soit changer d'entraîneur.

Par ailleurs, les travaux de Victor Vroom démontrent que les trois paramètres n'ont pas la même pondération, le facteur le plus déterminant étant la valence (rentabilité escomptée de l'effort fourni). Si l'étudiant en première année de médecine n'a pas la conviction profonde que les heures passées à son bureau à apprendre des listes sans fin d'éléments incongrus lui permettront de réussir, sa confiance en lui et en ses enseignants ne suffiront pas. C'est donc bien, selon ce modèle, le sentiment de rentabilité perçu entre l'effort fourni et le résultat obtenu qui est au cœur de toute motivation. Dans le cadre d'un effort individuel, le lien entre les deux est assez simple à établir car le résultat nous est à 100 % imputable. Mais qu'en est-il dans une situation collective ?

Dans un collectif, la réussite correspond à la somme ou au produit des efforts individuels et la rentabilité est plus difficile à percevoir et à mesurer. En outre, l'effort de chacun n'est pas forcément identifiable. Comment en effet être certain qu'il sera l'équivalent de celui des autres ? Outre le problème de coordination, chacun peut faire l'hypothèse que les autres ne produiront pas le même effort que soi. Dès lors, la valence de la motivation s'effondre et tous misent sur la relative « paresse » des partenaires. Ainsi, pourquoi fournir un effort important, potentiellement non récompensé, si les autres n'en font pas de même ? Pourquoi travaillerais-je plus que mes collaborateurs ?

On observe très bien ce phénomène dans le fonctionnement en *open space* sur des tâches dont le résultat n'est pas individuellement identifiable. C'est, par exemple, le cas sur les plateformes de prise de commande ou de traitement de tâches comptables. Si le voisin travaille moins que moi, et qu'il se permet de

« Facebooker » sur son temps de travail, il n'y a aucune raison que je n'en fasse pas autant. Et si tout le monde mise sur le désinvestissement des autres, chacun réduit ses efforts et le groupe paresse. C'est la conséquence classique d'une coopération pure, sans identification de l'effort individuel. La méta-analyse citée plus haut montre que la paresse est d'autant plus affectante sur des tâches peu intéressantes et/ou répétitives ainsi que sur des tâches simples.

Dans la vraie vie

Combien de fois ai-je pu être déçu par la médiocrité d'un exposé réalisé par un groupe d'étudiants pourtant brillants individuellement ? À chaque fois, il suffisait de les faire parler cinq minutes pour comprendre qu'ils étaient tombés dans le piège de la rentabilité perçue, chacun prétendant qu'il ne comptait pas « faire tout le boulot ». C'est la raison pour laquelle nombre d'étudiants n'aiment pas travailler à plusieurs. Alors que tout au long de leur scolarité, on les a évalués individuellement sur leur capacité à réviser leurs devoirs sur table, la coopération qu'on leur impose les perturbe et les rend inaptes à s'investir autant au sein d'un collectif.

Dans de telles conditions, comment augmenter l'impression de rentabilité entre l'effort individuel fourni dans un cadre collectif et le résultat global obtenu ? Une seule règle : trouver d'une façon ou d'une autre le moyen d'identifier au moins en partie cet effort personnel. C'est, par exemple, la logique de la part variable individuelle du salaire dans les systèmes de rémunération. Ce modèle n'est pas dénué de limites, voire de dérives, mais la logique sous-jacente est de motiver chaque salarié en créant un lien direct entre son effort et la récompense. C'est une évidence démontrée il y a bien longtemps par la théorie de l'équité du psychologue John Stacy Adams[42]. Selon lui, la

42. Adams J. S. (1963).

motivation individuelle repose sur un sentiment d'équité entre les « contributions » (efforts, temps passé, engagement, etc.), et les « rétributions » (salaire, sentiment de reconnaissance, avantages en nature, etc.). Cet équilibre s'opère à deux niveaux : d'un côté pour chaque collaborateur entre les efforts et les récompenses associées ; et, de l'autre, de manière plus collective entre les salariés eux-mêmes. Chacun doit avoir le sentiment qu'il est traité équitablement par rapport aux autres, c'est-à-dire qu'à efforts équivalents, les collaborateurs doivent ressentir qu'ils sont récompensés de la même façon. D'où la problématique incarnée de façon évidente par le décalage de salaire entre les femmes et les hommes. Comment imaginer que la motivation d'une femme en entreprise puisse être la même que celle d'un homme quand elle sait qu'à compétences égales, elle gagnera moins et que son travail sera moins reconnu ?

Cela rejoint le principe même de la reconnaissance individuelle. Malheureusement, celle-ci repose trop souvent uniquement sur la rémunération. Par ailleurs, la reconnaissance qualitative est également un moyen efficace d'augmenter l'impression de rentabilité perçue. Identifier les efforts, montrer que ceux-ci ne passent pas inaperçus, sont de bons leviers motivationnels qui remettent aujourd'hui en question les évaluations purement quantitatives de la performance individuelle en entreprise. Il s'agit simplement par exemple de feedbacks positifs autour de la machine à café, de remerciements publics envers un collègue en ouverture d'une réunion de travail, s'agissant d'un acte même anodin en apparence. Il est d'ailleurs intéressant de noter que de plus en plus d'entreprises repensent le principe de l'entretien annuel pour glisser vers un modèle « au jour le jour », afin de ne pas oublier ou passer à côté de ces petites réalisations du quotidien professionnel. Nombre d'entre elles commencent également à renoncer à la quotation de la performance, ce qui est une bonne chose. Attribuer une note revient en effet à ouvrir la porte à la comparaison, et par là même au sentiment plus ou moins justifié d'injustice sociale entre collègues.

Dans l'entreprise

Un de mes étudiants a mené en 2015 une étude au sein d'un cabinet de conseil sur ce qu'il a appelé « l'évaluation des compétences invisibles ». Il s'agit là de tous les petits actes du quotidien professionnel qui sont utiles à tous mais invisibles dans les grilles quantitatives d'évaluation annuelle. Il a analysé ces grilles sur la base desquelles les bonus sont calculés, puis a ensuite mené des entretiens avec des consultants concernant les soutiens, les petits services « invisibles » que les grilles ne repèrent pas. Les résultats sont clairs : un consultant explique par exemple que la première année, il passait du temps à aider les autres, restait parfois plus tard pour dépanner un collègue bloqué par une formule Excel qu'il n'arrivait pas à coder. Mais comme ces actions (parfois coûteuses en temps et en efforts) ne sont ni identifiées ni récompensées, il avoue avoir vite arrêté pour se concentrer sur ce qui « rapporte des points »...

Une certaine dilution de la responsabilité

Enfin, s'ajoute au problème de la rentabilité perçue une dimension plus affective, voire narcissique, celle de l'attribution de la responsabilité de l'échec ou de la réussite. C'est Stephen Harkins et Kate Szymanski qui nous proposent cette explication[43]. Quand Jo-Wilfried Tsonga ou Gaël Monfils perdent un match de tennis, ils en sont à 100 % responsables. Il leur est toujours possible (et souvent pratique) de trouver des causes externes pour se protéger (une blessure ponctuelle, des balles pas assez

43. Harkins S. G. et Szymanski K. (1987).

gonflées, un filet trop haut ou un arbitre paranoïaque, etc.) mais comme ils jouent seuls, leur responsabilité individuelle est intégralement engagée. Ils en ont d'ailleurs bien conscience en cas de victoire ! Ils vont alors procéder à ce qu'on appelle une « attribution interne » en évoquant leur travail, leur sérieux et des qualités intrinsèques qui excluent bien entendu la chance ou la clémence de l'arbitre. En double, le joueur de tennis n'est responsable du résultat qu'à hauteur de 50 %, il peut donc se mettre en avant en cas de victoire... ou se déresponsabiliser en cas d'échec ! Plus le groupe est important, plus la responsabilité individuelle est faible sur le résultat. Le joueur de rugby est ainsi à 7 % responsable de l'issue d'un match, l'étudiant d'un amphithéâtre de 300 personnes est à 0,3 % responsable du désordre, le salarié d'une entreprise de 10 000 personnes est à 0,01 % responsable d'une baisse du chiffre d'affaires et l'électeur de 2002 qui ne s'est pas déplacé au premier tour pour voter est à 0,00000003 % responsable de la qualification de Jean-Marie Le Pen au second tour ! De fait, comment l'accuser ? Comment peut-il se sentir responsable ?

Dans l'entreprise

On retrouve une bonne incarnation de la paresse sociale au travers des réunions qui ne commencent jamais à l'heure. Chacun mise sur le retard des autres et personne ne se sent responsable du quart d'heure de retard constaté... Lesdites réunions s'en retrouvent moins efficaces car plus courtes, certains éléments doivent être répétés pour les retardataires, les moins gênés se permettent d'intervenir sans connaître la situation dans son ensemble, etc. Tout le monde finit par être agacé et rien de productif n'en sort : le groupe devient improductif et génère des frustrations sans que la responsabilité personnelle de quiconque puisse être engagée.

Nous comprenons donc que la dilution de la responsabilité dans un groupe induit un risque important de paresse sociale ainsi qu'une réduction des efforts individuels. D'ailleurs, plus le groupe est important et plus le risque est fort ! Puisque la responsabilité est d'autant plus partagée, nous tendons à nous sentir moins coupables de nos comportements déviants. C'est ainsi que l'on peut expliquer l'indolence des gestes citoyens en matière d'éco-responsabilité. Le même phénomène est à l'œuvre dans les actes délictuels ou délinquants. En groupe, nous osons plus facilement établir de fausses déclarations auprès des compagnies d'assurances, casser des vitrines, taguer les murs, agresser, tricher... que seuls. De fait, le groupe déresponsabilise les actes antisociaux et désinhibe. *In fine*, il peut installer une norme qui fait passer les petites déviances pour des habitus culturels.

En labo

Sommes-nous nous plus enclins à intervenir en cas de danger lorsque nous sommes seuls ou au sein d'un groupe « spectateur » ? Seuls, bien sûr ! John Latané et Bibb Darley[44] ont bien démontré les principes de cette dilution de la responsabilité dans l'analyse des comportements d'aide face à une situation dangereuse. Dans une expérience devenue célèbre, ils invitent des étudiants à un entretien d'embauche factice. Les étudiants « cobayes » sont d'abord invités à remplir un questionnaire dans la salle d'attente : ils y sont soit seuls, soit en présence de trois autres étudiants homologues, soit avec trois autres « candidats », qui sont en réalité complices de l'expérience. À un moment précis, une épaisse fumée noire s'échappe d'une bouche d'aération. Seuls dans la pièce, ils sont alors 75 % à intervenir pour chercher de l'aide. À quatre « vrais étudiants », ils interviennent dans 38 % des cas, et en compagnie de trois « faux candidats » tenus de ne pas intervenir, ils agissent dans seulement 10 % des cas ! La co-présence de plusieurs « spectateurs » déresponsabilise chacun sur son devoir d'intervenir en cas de danger. C'est ainsi qu'on s'étonne que la présence de nombreux témoins en cas d'agression, dans les transports par exemple, ne garantisse pas que l'un deux

44. Darley J. et Latané B. (1968).

intervienne... Bien au contraire, en réalité ! Ce phénomène d'« ignorance collective » est également développé par Robert Cialdini dans ses travaux sur l'influence sociale[45].

En résumé, le collectif peut perdre en efficacité quand il repose sur un modèle coopératif pur, car il est rendu difficile de coordonner les efforts de tous, d'identifier les efforts de chacun et de responsabiliser individuellement sur des résultats collectifs. Alors, comment mettre en place des process et un management permettant de limiter le risque de paresse sociale ?

Les cinq clefs pour être moins paresseux collectivement

- *Définir les rôles* dans un cahier des charges ainsi que le périmètre de responsabilités de chacun, avec des objectifs clairs et mesurables, afin d'éviter les doublons et le temps perdu à se justifier. Communiquer efficacement sur le rôle de chacun, piloter le suivi du projet de façon collective.
- *Réduire la taille des groupes* afin de lutter contre la déresponsabilisation et pour stimuler l'identification et l'implication,

45. « Il s'agit d'une affaire d'homicide ordinaire dans le quartier du Queens à New York. Une femme d'environ trente ans, Catherine Genovese, fut tuée dans sa rue, alors qu'elle rentrait du travail. (...) La mort de Catherine Genovese n'avait pas été rapide, ni cachée ; elle avait été lente, bruyante, et publique. L'agresseur avait poursuivi et attaqué sa victime dans la rue, à trois reprises sur une période de trente-cinq minutes, avant de la réduire au silence définitivement. Bien que la chose semble à peine croyable, trente-huit de ses voisins regardèrent se dérouler ces événements, bien à l'abri derrière leurs fenêtres, sans même prendre la peine de prévenir la police. » (Cialdini R., 2004, p. 126)

comme c'est le cas dans les modes projet « *scrum* ». Organiser des réunions de suivi des projets, courtes mais fréquentes.

- *Identifier et reconnaître les efforts individuels* au quotidien, sortir des systèmes d'évaluation purement quantitatifs et mettre en évidence la portée de ces actes individuels pour renforcer le sentiment de rentabilité perçue. Il s'agit, par exemple, de féliciter un collègue particulièrement actif lors d'une réunion.
- *Garantir une équité de traitement* car les privilèges conduisent au désengagement de ceux qui se sentent lésés, prévenir et recadrer les dérives paresseuses.
- *Renforcer la cohésion sociale* et le sentiment d'appartenance au groupe par une identité collective forte. Faire en sorte que les membres du collectif soient proches, qu'ils se connaissent bien, qu'ils soient interdépendants. Stimuler les moments de partage extra-professionnels.

chapitre 3

L'excès de compétition sociale. Ou comment le collectif peut générer des rivalités nuisibles

Il est communément admis que dans une situation collective, par exemple dans le cadre d'un brainstorming, la créativité est démultipliée par la confrontation des idées et l'émulation réciproque des participants. C'est d'ailleurs sur cette base que les entreprises valorisent aujourd'hui les modèles coopératifs et la diversité des profils dans les équipes de travail. Pourtant, ces effets positifs sont soumis à conditions ! L'objet de ce chapitre est d'expliquer en quoi la compétition saine peut faciliter la motivation et la performance individuelles, mais en listant la nature des modalités qui permettent aux collectifs de tirer tous les bénéfices de leur mise en situation collective.

En labo

La compétition stimule la performance individuelle, cela s'illustre, par exemple, dans le sport avec les courses cyclistes. C'est ce que Norman Triplett[46] a démontré dès 1898 dans une expérience où il proposait à des enfants d'enrouler un maximum de filets de pêche autour d'un moulinet en un minimum de temps. Ces enfants étaient soit isolés dans une pièce, soit en situation de « co-action », c'est-à-dire en présence d'un autre enfant occupé à la même tâche. De fait, la moitié d'entre eux furent plus productifs dans cette seconde condition, grâce à l'effet de « facilitation sociale ».

La clef de cette facilitation sociale est donc la situation de co-action. Cette dernière se caractérise par deux aspects :

- une évaluation individuelle de la performance qui peut générer une comparaison, voire une situation de compétition naturellement induite ;
- des tâches individuelles effectuées en même temps, au même moment et dans les mêmes conditions, notamment pour stimuler la comparaison sociale.

C'est bien dans ces circonstances que l'on peut faire émerger l'effet facilitateur de la co-action. En effet, toutes les conditions de la compétition pure sont réunies, même si celle-ci ne régit pas officiellement la situation. Dit autrement, il n'est pas nécessaire de mettre des personnes en compétition formelle pour qu'un sentiment de concurrence se manifeste. Les sportifs qui font des tours de piste pour s'échauffer risquent inconsciemment d'augmenter leur foulée car le fait de courir côte à côte peut en effet suffire à générer une forme de compétition, alors même que ce n'est pas le but de l'exercice !

46.. Triplett N. (1898).

Trois niveaux d'explication de cette rivalité induite ont été proposés :

- Nickolas Cottrell[47] évoque une situation dans laquelle chacun s'ajuste sur l'*évaluation réciproque des participants*. En somme, nous intégrons les idées ou les efforts des autres, puis nous cherchons à faire au moins aussi bien. C'est d'ailleurs bien la confrontation des idées, des raisonnements ou des efforts qui constitue une forme d'émulation, aboutissant à un effet d'escalade dans lequel chacun sert de référence aux autres et se motive pour faire mieux. Le groupe bénéficie donc de cette émulation et devient alors plus productif. C'est dans cette mesure que la diversité des profils devient profitable au groupe car plus les idées ou les efforts fournis sont variés, et plus les participants s'enrichissent des expériences des autres pour penser ou pour agir.
- Charles Carver et Michael F. Scheier[48] proposent de leur côté une explication opposée mais complémentaire qui repose sur une certaine *« focalisation sur le soi »*. Selon eux, la co-action amène chaque participant à se recentrer sur lui-même et à puiser dans ses ressources pour améliorer sa propre performance, dans une logique de compétition induite. C'est donc la somme de ces énergies individuelles qui produirait une augmentation, au global, de la performance collective.
- C'est à Léon Festinger[49] que l'on doit l'explication la plus intégrative du phénomène de facilitation sociale avec sa théorie de la « comparaison sociale ». Cette théorie très célèbre de la psychologie sociale n'a pas été pensée originellement pour expliquer la facilitation sociale et dépasse très largement ce cadre. Festinger part d'un constat simple : il est impossible de construire une image de soi autrement qu'en nous comparant

47. Cottrell N. (1972).
48. Carver C. et Scheier M. F. (1982).
49. Festinger L. (1954).

avec autrui. En effet, comment savoir, réellement, si nous sommes beau, grand, intelligent ou drôle ? Il n'existe aucune loi déterminant un seuil à partir duquel nous possédons ces différentes qualités. Et pourtant, nous avons tous une image de nous-mêmes, car c'est indispensable. Alors comment faire ? Nous n'avons pas d'autre choix que de nous comparer à une norme moyenne induite par nos observations[50]. Quelle est la taille moyenne des individus autour de nous ? Sont-ils drôles, intelligents ou beaux ? Et, de fait, quelle est notre place dans cette « hiérarchie implicite » ? Bien entendu, il s'agit d'une évaluation terriblement subjective et traversée par toutes sortes de dynamiques affectives qui déforment la réalité, allant d'un narcissisme exacerbé à une autoflagellation assumée. Mais peu importe, cette comparaison sociale n'est pas moins automatique et indispensable. D'ailleurs, plus la norme est floue ou inconnue et plus la mécanique de comparaison sociale se met en place, justement pour compenser cette absence de référence objective !

Dans la vraie vie

On observe ce phénomène dans l'évaluation de la réussite scolaire des enfants. Le réflexe de tout parent face à une note reçue est de demander au mieux la moyenne de la classe et au pire la note du copain ou de la copine habituellement bien noté… C'est en effet le seul moyen de connaître la valeur d'un 12/20. Et les enfants eux-mêmes intègrent très tôt ce principe. Pour nous faire avaler une mauvaise note, ils nous invitent à la comparer avec celle du fameux camarade qui pour une fois a obtenu une note encore pire ! Une mention « Bien » au baccalauréat a bien plus de valeur si seulement 10 % des lycéens l'obtiennent plutôt que 40 % !

50. Becker H. S. (1963).

On retrouve aussi ce principe « d'ancrage comparatif » en négociation[51]. « Ce principe d'ancrage intervient systématiquement lorsqu'il s'agit de quantifier un élément de la négociation : dès lors qu'une des parties annonce un premier chiffrage, elle ancre irrémédiablement son interlocuteur. Si l'information dont ce dernier dispose n'est pas pertinente, il est alors induit en erreur.[52] »

La comparaison sociale est donc un magnifique outil de régulation de nos névroses et de gestion de nos erreurs et échecs. En nous comparant à pire, on se sauve la face et on est d'autant plus valorisé que l'écart avec l'autre est important. Lorsque, à l'inverse, nous sommes amenés à nous comparer à mieux que nous, deux possibilités s'offrent à nous :

- la première consiste à lutter, à travailler et à fournir tous les efforts nécessaires pour progresser sur la dimension précise de l'évaluation. C'est par exemple le cas du commercial qui réalise un chiffre inférieur à la moyenne des autres vendeurs et qui sera amené à multiplier les efforts pour rattraper son retard ;
- l'autre stratégie possible, si l'on pense qu'il est impossible de rivaliser sur la dimension étalon de l'évaluation, consiste à trouver une autre dimension sur laquelle nous serons meilleur. On élargit ainsi l'évaluation à de nouveaux critères sur lesquels bien sûr on fait le pari d'être mieux positionné. Le commercial en question pourra nourrir l'idée que même si son chiffre des ventes est moindre, la satisfaction de ses clients est plus importante car il passe plus de temps que les autres à se soucier de cette dimension. Il a donc trouvé un autre critère que le chiffre d'affaires pour gagner en estime de lui. On retrouve ici l'idée du modèle « Blue Ocean »,

51. Galinsky A. D. et Mussweiler T. (2001).
52. Grésy J.-E., Ohana J. et Pérez Nückel R. (2017).

dont le concept est d'échapper à la concurrence en créant de nouveaux espaces stratégiques[53].

En labo

Dans un camp de vacances, Gérard Lemaine[54] propose à deux groupes d'adolescents de construire une cabane et d'attribuer un prix à la plus belle. Mais, prétextant ne pas avoir assez de ficelle pour les deux groupes, il effectue un tirage au sort et attribue toute la ficelle au premier. Bien sûr, leur cabane apparut comme la plus belle et la plus solide. Alors, pour compenser et rivaliser, le second groupe lésé décida de concentrer tous ses efforts sur le jardin et la décoration autour de la cabane, avant d'entamer des démarches auprès de l'organisateur pour que ces aspects soient pris en compte dans l'évaluation. Ils ont donc fait preuve d'une forte créativité sociale pour rendre la comparaison plus favorable à leur égard.

Quel rapport avec la facilitation sociale ? La théorie de Léon Festinger nous montre que, dans un collectif, l'évaluation de soi repose nécessairement sur une comparaison sociale positive et enclenche automatiquement de la motivation et des efforts plus importants. Ainsi, le collectif gagne en performance par un jeu de comparaisons réciproques qui est le fruit d'une compétition induite. Lors d'un brainstorming, le meilleur n'est jamais récompensé. On ne crée donc pas une réelle situation de compétition. Et pourtant, le simple fait de mettre plusieurs collègues dans une même salle pour partager oralement leurs idées peut suffire à créer un jeu de comparaisons sociales bénéfiques à la créativité collective.

Quelle différence alors avec l'effet néfaste de la paresse sociale abordé dans le chapitre précédent ? Cette dernière se manifeste dans une situation de coopération pure, sans identification des

53. Chan Kim W. et Mauborgne R. (2005).
54. Lemaine G. (1979).

efforts individuels et avec un résultat commun partagé. La facilitation sociale émerge dans un tout autre contexte. Cette fois, même si le bénéfice de la mise en groupe reste partagé (comme pour la recherche d'un nouveau slogan lors d'un brainstorming de l'équipe marketing), les participants travaillent en partie pour eux-mêmes, et leur performance est identifiable et identifiée.

Mais alors, suffirait-il de toujours mettre les salariés dans des situations de compétition pour stimuler les rivalités et ainsi augmenter les efforts individuels dont la somme produirait une plus grande performance collective ?

Ce n'est évidemment pas si simple. Si le tout-coopératif produit des dérives de désinvestissement, le tout-compétitif entraîne également des effets néfastes et ne fonctionne que sous certaines conditions. Le risque le plus évident repose sur l'instauration d'une escalade conflictuelle entre les participants. Générer de la compétition à l'extrême et valoriser la seule performance individuelle crée mécaniquement des rivalités, des conflits, des coups bas et autres joyeusetés répandues en entreprise. On peut, par exemple, imaginer que le commercial en retard sur son chiffre puisse propager des rumeurs sur ses rivaux auprès de ses clients pour les discréditer. Dans un cadre de brainstorming, nous pourrions être amenés à ne pas partager nos meilleures idées pour mieux les réserver au chef lors de discussions à deux (on retrouve par exemple cette tactique déloyale en négociation avec les MAO, techniques de manipulations, d'attaques et d'obstructions[55]). La compétition pure peut fortement nuire à la dynamique des collectifs si chacun joue uniquement pour soi car on risque de privilégier sa réussite personnelle au détriment de celle du collectif.

Surtout, les recherches scientifiques portant sur les mécanismes de la facilitation sociale démontrent qu'il existe des conditions dans lesquelles l'inhibition remplace l'émulation et où le

55. Grésy J.-E. (2015).

collectif peut stresser, bloquer et rendre inefficace toute production. Cela s'observe même en éthologie, à travers l'analyse du comportement animal. Les fourmis, par exemple, transportent trois fois plus de terre pour construire leur fourmilière quand elles sont en présence d'autres fourmis occupées à la même tâche. Mais des expériences sur les cafards mettent en évidence des résultats opposés. Ces derniers s'extraient moins facilement d'un labyrinthe inconnu quand ils sont à plusieurs que lorsqu'ils sont seuls. Bien qu'éloignés des insectes à de nombreux égards, les collègues travaillant en équipe dans une entreprise peuvent vivre de façon analogue des expériences variées liées à la mise en groupe. Le collectif peut enrichir, stimuler, libérer les énergies et la créativité, mais tout aussi bien devenir bloquant et enfermer ses acteurs dans des postures inhibées. Quelles sont donc les conditions défavorables à la facilitation sociale ?

La difficulté des tâches et les attentes de résultats

La première variable concerne la tâche à effectuer en elle-même : plus la tâche est simple, plus l'effet de la mise en groupe est positif. En effet, une tâche complexe nécessite une plus grande réflexion et davantage de temps pour sa réalisation. Dans ces conditions, le collectif peut devenir bloquant car il impose le regard d'autrui et une pression temporelle difficilement compatibles avec la concentration et la performance. La comparaison sociale devient alors menaçante, et la co-présence des autres devient une source de stress qui freine l'engagement. Dès lors, par sa dynamique bloquante, le collectif peut cristalliser les énergies et les éteindre.

En outre, plus la tâche est compliquée, notamment en matière de raisonnement, et plus le travail à fournir nécessite des enchaînements de la pensée, une construction des idées et de la décision par des pièces de puzzle qui s'emboîtent dans une logique articulée. Or, cet enchaînement peut être complexifié par la co-présence de plusieurs personnes qui déroulent, chacune, un raisonnement qui leur est propre. On retrouve ici les problèmes de coordination déjà en cause dans le phénomène de paresse sociale. À l'inverse, plus la tâche à accomplir est simple ou présentée comme telle, et moins la présence des autres représente une menace pour l'estime de soi. La facilitation sociale est donc proportionnelle à la difficulté de la tâche.

Nous sommes ainsi plus efficaces à plusieurs face à des problèmes simples, mais c'est précisément dans ces cas-là que nous n'avons pas besoin des autres ! Inversement, c'est justement pour résoudre des situations complexes que nous avons besoin des autres alors même que leur présence peut nous rendre inefficaces... Alors comment sortir de cette tautologie ? La solution réside dans notre capacité à rendre les choses plus simples qu'elles ne le sont en réalité. Pour rendre le collectif efficace et ne pas bloquer les énergies qui s'en dégage, il est indispensable de ne pas s'appesantir sur la complexité du problème posé.

Dans l'entreprise

Imaginez un manager qui démarre une réunion en annonçant : « Nous avons un gros problème à résoudre aujourd'hui, ça ne va pas être simple je vous préviens ! » Il cherche peut-être à stimuler son équipe, mais il peut de la sorte bloquer tout le monde et empêcher une dynamique de groupe positive. À plus grande échelle, c'est la spirale dans laquelle se trouvent les entreprises qui se portent mal et qui doivent faire face à une concurrence agressive, ou à une crise conjoncturelle. Ainsi, la complexité de la situation, si elle devient trop catastrophiste dans la façon dont elle est exprimée, peut empêcher toute forme de créativité pour s'en sortir. C'est justement quand l'entreprise a le plus besoin d'un Comex créatif et innovant qu'elle peut créer les conditions d'une apathie inhibitrice.

La seconde variable à prendre en compte pour rendre le collectif opérant concerne davantage les acteurs eux-mêmes et les attentes de résultats qu'ils expriment. Outre la difficulté réelle de la tâche à accomplir, il est nécessaire de prendre en compte le degré de confiance des acteurs dans leur capacité à réussir. Les effets d'attente face à un objet social, quel qu'il soit, sont déterminants pour la relation que nous entretenons avec cet objet. C'est vrai dans la vie de tous les jours, par exemple dans le rapport que nous entretenons avec notre voiture. Nous conduisons plus vite et de façon agressive avec une voiture sportive que lorsque nous sommes installés confortablement dans une voiture familiale dotée d'une boîte automatique. Les odeurs, la température ambiante, les couleurs sont autant de facteurs qui déterminent contextuellement nos comportements. Mais le plus déterminant face à une tâche de toute nature, repose sur la façon dont nous nous représentons notre capacité à réussir.

Cette attente de réussite ou d'échec renvoie à la confiance en soi, qui comporte une dimension intrinsèque liée à notre personnalité et à nos expériences et une dimension contextuelle liée à la situation en question. Dans une situation donnée, nous pouvons intensément douter de notre capacité à réussir, alors même que cela ne remet pas en question une solide image de nous par ailleurs. Cela peut être lié à un contexte nouveau ou inconnu, à une tâche à laquelle nous ne sommes pas habitués ou à un domaine sur lequel nous savons que les attentes externes sont fortes. La confiance en soi contextuelle est donc un facteur déterminant de réussite des collectifs. Si les membres d'un collectif s'attendent à réussir sur la base d'une bonne confiance en eux, ils seront davantage en mesure de libérer leurs énergies, de prendre des initiatives, de confronter des idées différentes et de rendre le groupe productif. À l'inverse, la rencontre de personnes en proie au doute peut entraîner une incapacité à penser et à s'enrichir mutuellement. Dès lors, le groupe peut rentrer dans une spirale négative car les doutes produisent de l'échec et l'échec réalimente les doutes. Par le biais de l'autocensure, il est possible de s'empêcher de penser « qu'on est capable de » et lorsque cette croyance se répand au niveau d'un collectif, le sentiment d'impuissance face à un problème donné peut s'en retrouver décuplé. Si tous les participants à une réunion de crise sont individuellement convaincus d'un échec certain, on comprend comment cette inhibition peut devenir virale jusqu'à bloquer l'ensemble des parties prenantes.

De la compétition à la coopétition

On l'a compris, la compétition peut être un facteur de performance collective mais peut à l'inverse devenir contre-productive et nuire à l'efficacité des groupes. Et c'est d'autant plus difficile de lutter contre la norme compétitive qu'elle est fortement ancrée dans l'ADN social et culturel de notre société. Elle commence avec les rivalités entre parents sur l'âge auquel leurs bambins font leur nuit, sont propres, marchent ou parlent. Ça continue avec le sport, l'école et les jeux de société qui, le plus souvent, mettent plusieurs joueurs ou plusieurs équipes en rivalité. La compétition est une norme sociale puissante, associée à un langage guerrier, toujours rattachée au combat et à la douleur. « Il faut souffrir pour être belle », dit-on aux petites filles. Et ce langage se répand dans les entreprises. Comment imaginer ainsi qu'il soit simple de lutter contre ces rituels compétitifs ?

Le psychosociologue turc Muzafer Sherif[56] démontre d'ailleurs que les conflits entre les groupes découlent naturellement d'un contexte de compétition sociale. Son raisonnement est simple : dans un système donné tel que l'entreprise, les ressources sont

56. Sherif M. (1966).

à partager entre tous les acteurs qui l'animent. Soit les acteurs sont mis en compétition excessive, faisant peser le risque de créer la perception d'une distribution des ressources inéquitable, et donc source mécanique de conflits, soit ces ressources sont distribuées de façon équitable sur la base d'une collaboration entre tous les acteurs, et la situation de coopération qui en découle préserve le système de toute forme de conflit.

En labo

Muzafer Sherif teste cette hypothèse avec une expérience qui se déroule dans un camp de vacances pour adolescents américains où il introduit une situation de compétition. Le psychosociologue leur propose ainsi un concours de cabane en les séparant en deux groupes qui vont devoir s'affronter : les bleus et les rouges. Il met à disposition de chaque groupe la même quantité de bois et le même stock d'outils en leur expliquant qu'à l'issue du concours, les juges attribueront un prix à l'équipe gagnante et rien à l'autre. Très vite, les groupes deviennent deux entités cohésives. Les amitiés intergroupes se dissolvent, les dortoirs se réorganisent par couleur. Puis arrivent les premiers actes déviants. Les deux groupes cherchent à faire perdre leur adversaire en volant par exemple des outils ou du bois... Les dynamiques compétitives s'installent, jusqu'à former un système de surveillance ininterrompu de jour comme de nuit entre les deux camps. Des adolescents s'improvisent espions infiltrés, faisant mine de copiner avec l'adversaire pour mieux lui voler ses idées. À l'apogée de la tension conflictuelle, les organisateurs changent totalement la donne. Ils détruisent volontairement le système d'alimentation d'eau du camp, faisant croire aux adolescents qu'il s'agit d'un acte de délinquance extérieur. Les adolescents ne peuvent plus boire ni se laver, le concours de cabane est alors ajourné. Cette fois, les adolescents sont, d'un seul coup, dans une situation où la coopération est devenue indispensable à leur « survie ». Quasi instantanément, ils abandonnent leurs dossards, les contacts se renouent entre les deux groupes, la solidarité et les relations conviviales reprennent leur place. Ils coopèrent et, tous ensemble, réparent les canalisations d'eau.

Cette expérience est bien entendu éloignée de la vraie vie des entreprises, mais elle nous apprend comment la constitution d'un destin commun, l'interdépendance et le partage équitable des bénéfices de l'action collective conduisent à la réduction des conflits. Mais la compétition est tellement ancrée et normative qu'il est compliqué de lui résister. Comment faire ?

Comme souvent, on trouve la solution dans un modèle hybride qui combine les bénéfices des deux systèmes et tente au mieux d'éviter les écueils de chacun : la coopétition. Le modèle « coopétitif » a été popularisé par Adam Brandenburger et Barry Nalebuff[57]. Née de la combinaison des mots « compétition » et « coopération », la coopétition propose aux entreprises une complémentarité des deux dynamiques de groupe, entre stratégies individuelle et collective, et entre stratégies concurrentielle et relationnelle. Elle se destine à permettre la recherche simultanée des avantages de la compétition (la recherche de nouvelles combinaisons productives et génératrices de rentes) et des avantages de la coopération (notamment l'accès à des ressources rares et complémentaires. Ce modèle caractérise assez bien le comportement général des oligopoles.

Dans l'entreprise

Les systèmes de rémunération peuvent être pensés de façon « coopétitive ». La part fixe du salaire est le socle qui rassure et réduit le stress auquel tout salarié peut être confronté. Ensuite, il est intéressant de réfléchir à la façon dont la part variable peut être ventilée. Si elle n'est calculée que sur la base de la performance collective (l'équipe et/ou l'entreprise dans sa globalité), on risque de retrouver les biais de la paresse sociale, par un ressenti d'une trop faible rentabilité perçue et par une forte déresponsabilisation. Si, en revanche, elle n'est calculée que sur la base de la performance individuelle, elle

57. Nalebuff B. et Brandenburger A. M. (1996).

peut générer des conflits, un désintérêt pour le groupe, des stratégies individualistes et une forme d'angoisse liée à la peur de l'échec. Il est donc opportun de penser un modèle hybride et sur mesure, en fonction de l'activité et du poste, cumulant une part variable individuelle pour stimuler l'engagement et la compétition saine, une part variable liée à l'équipe pour stimuler la coopération et la solidarité, et une part variable calculée sur la base du résultat global de l'entreprise pour renforcer l'adhésion et la fidélisation. Le calcul de la part de chacun doit alors nécessairement être adapté à la nature de l'activité et au degré de responsabilité liée à la fonction occupée.

Même si cela peut paraître paradoxal, la gestion des collectifs commence par l'accompagnement des individus. Le salarié d'une entreprise est un acteur qui s'inscrit dans trois sphères qui revêtent chacune une importance particulière. Premièrement, il est un individu unique avec sa personnalité, ses compétences et appétences personnelles, ses zones de blocage : tous ces paramètres sont bien entendu à prendre en compte pour le rendre efficace et épanoui en collectif. Deuxièmement, il travaille dans une équipe au sein de laquelle il est quotidiennement en interdépendance avec les autres. Son implication et sa performance sont en partie déterminées par les interactions qu'il entretient, les relations de confiance qu'il établit et par la dynamique du groupe en place. Troisièmement, il fait partie de l'entreprise, un système plus global composé de codes et de valeurs auxquelles il doit adhérer pour se développer pleinement et donner le meilleur de lui-même. Ce sont ces trois niveaux qu'il faut prendre en compte pour rendre les groupes efficaces et tirer le meilleur des dynamiques de coopération.

Les cinq clefs pour lutter contre un excès de compétition

- *Recruter et promouvoir sur la compétence « coopérer »*, en mettant, par exemple, au cœur des critères de la coopération : la capacité d'écoute, l'humilité, une confiance en soi équilibrée (ni trop faible ni trop forte) ou encore la capacité à déléguer. Mettre en place un process d'intégration accueillant et rassurant afin de faciliter l'échange et le partage.
- *Être reconnaissant à la fois de l'investissement individuel ET de la performance collective*. Il est important d'équilibrer la stimulation, la motivation et le renforcement aux deux niveaux. Fixer par exemple des objectifs à la fois individuels et collectifs et se doter d'un système de rémunération intégrant les différents niveaux de performance.
- *Repérer et « sanctionner » les dérives individuelles* sources de conflit. Les coups bas, les rumeurs, les actes ou propos de dépréciation des autres doivent être identifiés et traités. Gérer le plus tôt possible ces conflits sans les laisser dégénérer[58].
- *Former les managers à la gestion des dynamiques collectives* et les évaluer sur cette dimension, au-delà des résultats purement opérationnels. Organiser des séances de co-développement pour faciliter l'entraide entre collègues.
- *Éviter toute forme de dramatisation* qui peut créer un climat anxiogène dans le collectif et pousser les acteurs à se replier sur des stratégies individuelles. Rendre les problèmes à traiter aussi simples et accessibles que possible.

58. Grésy J.-E., Émont P. et Pérez Nückel R. (2016).

chapitre 4

La polarisation collective. Ou comment le collectif peut radicaliser les opinions individuelles

Ce concept introduit un nouveau chapitre qui s'attache à appréhender l'effet des situations de groupe non plus sur la performance, mais sur les opinions[59]. Néanmoins, ce sont bien les décisions prises au sein d'une entreprise qui affectent directement sa performance. Quelle stratégie marketing mettre en place ? Quel plan de recrutement ? Quelle organisation du travail ? Là encore, on se confronte à la question de l'apport des décisions prises collectivement. La polarisation collective renvoie à un phénomène par lequel le groupe en vient à radicaliser les opinions individuelles initiales, au point que la décision collégiale peut s'éloigner de la moyenne des opinions

59. Pour une revue de questions, voir Isenberg D. (1986).

individuelles avant la mise en débat. Pour aboutir à ce biais décisionnel, aucune manipulation, aucune influence extérieure n'est nécessaire. Simplement des personnes raisonnables qui discutent sans réaliser que les débats peuvent orienter leur réponse collective vers une posture plus extrême.

Dans la vraie vie

Pour comprendre les dégâts d'un tel phénomène, prenons l'exemple des jurys d'assises. La justice pénale est rendue en France par un jury populaire composé de neuf citoyens remplissant les conditions de cette fonction. Ils assistent au procès, peuvent prendre des notes, poser des questions aux témoins, aux experts concernés et à l'accusé jusqu'à la fin des débats. Puis arrive le moment de la délibération. Les neuf jurés populaires, associés à trois jurés professionnels (le président de la Cour et ses deux assesseurs), débattent et posent un verdict au moyen d'un vote à la majorité des deux tiers. Pour chaque question posée par la Cour, au moins huit jurés doivent donc être d'accord et la séance continue tant que ce n'est pas le cas. Voilà donc une situation fortement impliquante qui peut générer des débats controversés. Imaginons maintenant que nous ayons demandé à chaque juré d'écrire sur un papier la peine de prison qu'il préconise individuellement pour le cas jugé. La comparaison avec la peine de prison attribuée par la majorité des deux tiers sera probablement étonnante. Sous certaines conditions qui seront abordées dans ce chapitre, le verdict risque en effet d'être plus extrême que la moyenne des opinions individuelles avant la phase de délibération. Quelle justice est la plus juste ? La moyenne des opinions individuelles ou le verdict collectif ? Si le groupe attribue une peine polarisée de quatre années de prison supplémentaires, peut-on considérer que les échanges ont permis une plus grande justesse décisionnelle ou doit-on interpréter ce décalage comme un biais collectif ? Difficile, voire impossible de répondre à cette question, mais toujours est-il que les débats au sein d'un groupe peuvent fortement changer la nature d'une décision.

La mesure de la polarisation collective

Ce phénomène s'observe et se mesure en trois temps.

- *Temps 1 : « le pré-consensus »*. De manière confidentielle, on recueille l'opinion individuelle de toutes les personnes qui participent à une discussion donnant lieu à une prise de décision collective. Par exemple, on demande à des étudiants s'ils sont plutôt favorables ou défavorables à la légalisation du cannabis. Ils doivent répondre sur une échelle allant de « pas du tout d'accord » à « tout à fait d'accord », avec des valeurs intermédiaires leur permettant de modérer leur réponse. On est alors en mesure de calculer la moyenne des opinions individuelles correspondant à la norme attitudinale de cette question.
- *Temps 2 : « le consensus »*. On demande aux membres du groupe de discuter aussi longtemps que nécessaire pour aboutir à une réponse consensuelle sous la forme d'un score sur la même échelle que la question posée individuellement. Il s'agit bien d'un consensus et non d'un compromis : dans cette situation, tous les membres du groupe doivent aboutir à une opinion partagée. On note alors la réponse donnée.
- *Temps 3 : « le post-consensus »*. Une fois le débat clos, on leur pose une dernière fois la même question, de façon individuelle et confidentielle. On calcule alors la moyenne des opinions individuelles après la délibération collégiale.

Que se passerait-t-il dans une telle situation si le phénomène de polarisation collective se mettait en place ? Deux phénomènes sont disjoints mais corrélés.

D'une part, le collectif donnerait une réponse consensuelle (temps 2) plus extrême que la moyenne des opinions du pré-consensus (temps 1). Imaginons, par exemple, que ces étudiants soient globalement favorables à la légalisation du cannabis, la somme de leurs opinions donnerait une moyenne de 6,8/10. La réponse du groupe pourrait alors être polarisée à 8/10, ce qui correspondrait à une radicalisation de l'opinion favorable envers cette mesure.

D'autre part, on constaterait que la réponse post-consensuelle (temps 3) serait par exemple de 7,5/10, c'est-à-dire plus proche du consensus (temps 2) que de la moyenne individuelle avant les débats (temps 1). Dit autrement, la réponse collective à laquelle le groupe aurait abouti (8/10) s'imposerait comme une norme que chacun assimilerait comme *la réponse la plus juste*. Au final, les participants du débat finiraient par changer légèrement d'avis en extrêmisant leur opinion. Le biais collectif réside dans le fait que, naturellement, sans consigne particulière, sans rapport de force et sans manipulation quelle qu'elle soit, le collectif a radicalisé la nature des opinions individuelles.

En labo

On doit à Serge Moscovici et Marisa Zavalloni[60] l'expérience la plus probante sur ce phénomène de polarisation collective, avec des questions posées à des Français concernant leur opinion envers le général de Gaulle et envers les Nord-Américains. Les débats ont orienté les participants vers une opinion plus positive du premier et plus négative des seconds.

Le conditionnel a été employé pour décrire ces trois temps de la polarisation collective. En effet, le phénomène n'est absolument pas automatique dans les décisions collectives, et heureusement d'ailleurs ! Les débats doivent remplir un certain nombre de conditions pour déboucher sur une telle dérive décisionnelle.

60. Moscovici S. et Zavalloni M. (1969).

Les conditions d'apparition de la polarisation collective

- *Les débats doivent être libres.* Chacun doit pouvoir s'exprimer dans un climat d'acceptation réciproque, sans rapport de force officiel ou explicite. En outre, la régulation de ces débats ne doit être ni trop rigide ni trop procédurale. Un supérieur hiérarchique, un expert scientifique ou le président d'une cour d'assises peut contrarier ce phénomène s'il impose son point de vue au collectif, qui risque de s'y rallier.
- *Avant la mise en débats, une norme culturelle doit exister entre les membres du groupe,* c'est-à-dire une orientation à l'opinion moyenne concernant la question posée. En effet, si, dans un collectif de dix personnes, cinq sont radicalement contre et cinq sont radicalement pour, la polarisation n'aura pas lieu. On assistera alors plus logiquement à l'aboutissement d'une réponse moyenne qui ne réconciliera personne mais qui fera office de compromis, garantissant de la sorte la survie du groupe. Ce phénomène, dit de « normalisation » sera développé dans le prochain chapitre. La polarisation collective ne se produit donc qu'à la condition que les participants partagent une opinion majoritaire. C'est le cas dans les exemples précités, qu'il s'agisse de la légalisation du cannabis chez les étudiants, de l'opinion globalement positive envers le général de Gaulle en 1969, ou encore de la culpabilité de l'accusé s'il existe des preuves évidentes de son crime.
- *Ces opinions majoritairement orientées dans le même sens doivent néanmoins être variées en termes d'intensité* et il doit exister une forme de divergence dans l'expression de ces opinions. Certains peuvent, par exemple, trouver l'accusé formellement coupable, dans une vision absolue qui ne laisse aucune place

à la nuance, tandis que d'autres peuvent accepter sa culpabilité mais en lui trouvant des circonstances atténuantes.

- *Enfin, la question débattue doit générer chez les participants une implication forte.* En effet, un sujet jugé inintéressant ou trop éloigné de leurs préoccupations ne les engagera pas suffisamment pour qu'ils s'impliquent dans le débat ou défendent leur point de vue. La polarisation collective se manifeste donc quand l'enjeu des débats est important. On comprend donc pourquoi ce phénomène est si prégnant dans les délibérations aux assises lorsque l'issue des débats conditionne l'incarcération d'un être humain !

Voilà donc les données du problème : si un groupe de personnes impliquées discute librement en partageant une posture plus ou moins commune, toutes les chances sont réunies pour que l'issue des débats corresponde à une radicalisation à la fois du collectif et des opinions individuelles consécutives aux échanges. L'entre-soi constitue en cela un puissant facteur de polarisation collective : l'absence de confrontation d'opinions et d'idées divergentes des nôtres nous radicalise progressivement et nous amène à camper sur une posture de plus en plus dure. C'est, par exemple, le cas au sein des réunions syndicales, des cercles religieux ou de façon informelle dans les discussions de fin de soirée entre amis.

Dans la vraie vie

Alors même que les groupes d'amis se constituent de façon informelle sur un pur principe de plaisir à être ensemble et sans normes ou règles explicites, il s'agit parfois de groupes homogènes partageant des valeurs communes fortes. Les amis se rencontrent souvent tôt, sont la plupart du temps issus des mêmes cercles socio-économiques et se rassemblent autour de goûts communs et de pratiques culturelles qui sont elles-mêmes issues de l'éducation et du niveau de vie. Si on ajoute un besoin de filiation, de cohésion et de reconnaissance réciproque, on comprend que les discussions entre amis sont des bouillons de culture pour la radicalisation des positions sur des sujets sociétaux, politiques ou moraux. Il en va de même pour les réseaux sociaux ! Puisque nos « amis » Facebook sont le reflet de nous-mêmes, ils nous confortent dans nos opinions, avec l'impression d'un débat démocratique, la liberté d'expression prévalant sur ces plateformes. Et c'est encore « pire » quand on considère que les réseaux sociaux constituent une source d'information de plus en plus importante pour les individus, notamment pour les plus jeunes (sans parler de l'effet de filtrage des algorithmes…).

L'explication du phénomène

Il est indispensable de décortiquer les rouages de la polarisation collective pour la comprendre et juguler ses effets néfastes, notamment dans l'entreprise, où une confiance parfois aveugle dans les délibérations collectives peut donner lieu à des décisions erronées et des prises de risques inconsidérées. Si une équipe de travail s'auto-convainc d'une décision à prendre sur la base d'une opinion radicale perçue comme certaine, elle peut mettre le collectif en péril, ne mesurant pas que l'opinion partagée est au moins en partie le produit d'un biais décisionnel. On peut ainsi lancer un nouveau produit, aveuglé par le fait que toute l'équipe s'est polarisée sur le brio d'une idée en passant à côté des contre-arguments. On peut recruter un nouveau collègue alors que l'opinion de chacun est mitigée à son égard, simplement parce que la discussion collective à l'issue des entretiens individuels s'est focalisée sur ses qualités plutôt que sur ses défauts. Et on peut aussi radicaliser un mouvement de grève ou au contraire rigidifier la posture de la direction envers ce même mouvement si les débats se font dans un entre-soi « partisan », sans confrontation intelligente des différents arguments… Quels sont donc ces rouages ?

De nouveaux arguments au crédit d'une thèse déjà acquise

Force est de constater que plus nous disposons d'éléments pour étayer une opinion, plus cette opinion peut se radicaliser. Si des individus sont déjà en accord avant de discuter, ils risquent de ne faire apparaître que des arguments allant dans le sens de l'opinion initiale défendue. Ainsi, si nous sommes convaincus de la culpabilité de l'accusé sur la base d'un faisceau de trois indices et que les autres membres du jury nous en soumettent deux de plus, rien de plus naturel que d'augmenter cette impression de culpabilité, ce qui risque d'aggraver la peine que nous souhaitons attribuer au coupable présumé.

C'est bien l'absence de diversité des opinions originelles qui devrait être ici interrogée. Si l'entreprise est un écosystème de plus en plus diversifié à l'échelle globale, les collectifs de travail sont en revanche encore très homogènes en termes de profils.

Dans l'entreprise

Les femmes et les hommes n'exercent pas les mêmes métiers et même quand l'effectif global d'une entreprise présente 50 % de femmes, elles occupent souvent des fonctions support et/ou de faible niveau hiérarchique. Les comités de direction restent donc, par exemple, très majoritairement composés d'hommes blancs, quinquagénaires, mariés, non handicapés et issus des mêmes écoles. La sociologie étant ainsi faite, quand on a été fabriqué de la même façon, on pense et on agit selon les mêmes modes. Au même titre que ces messieurs roulent dans les mêmes voitures, vivent dans les mêmes quartiers, apprécient les mêmes sports et donnent les mêmes prénoms à leurs enfants, tout porte à croire qu'ils partagent des opinions communes sur beaucoup de sujets sociétaux. Alors, quand ils doivent débattre sur un sujet, si on ne les contraint pas à intégrer des opinions dissidentes ou des raisonnements atypiques, ils échangent sur des idées et des options qu'ils partagent déjà.

Le résultat peut s'en retrouver doublement pénalisant pour l'entreprise. D'une part, celle-ci prend le risque de décisions unilatérales en termes d'argumentation, et donc potentiellement fausses. D'autre part, les collectifs de travail peuvent renforcer le mimétisme et le consensus, ce qui peut réalimenter le risque d'erreurs.

Enfin, n'oublions pas la dimension affective, voire narcissique, des échanges au sein d'un environnement homogène. La validation de nos opinions par d'autres personnes que nous estimons et qui nous ressemblent ne fait que valoriser nos propres idées et renforce par là même notre *self-esteem*. Tout est alors pour le mieux dans le meilleur des mondes. Pourquoi renoncer à cette satisfaction de trouver dans le regard de l'autre le reflet de notre propre brio ?

Des positions radicales les plus fortement défendues

Avez-vous déjà assisté à une manifestation de rue dans laquelle les protestataires qui défilent brandissent des banderoles affichant : « Je suis sans opinion » ? Il semble évident que non. Nous manifestons, exprimons notre voix quand nous avons une opinion radicale, quand nous voulons défendre une idée ou des valeurs qui nous sont chères, mais jamais l'inverse !

Exactement comme pour les manifestants de rue, les personnes les plus radicales participant à une discussion informelle sont celles pour qui le sujet déchaîne le plus de passions. Ce sont donc également celles qui occupent le terrain avec véhémence, parlent le plus et le plus fort. Elles sont péremptoires dans l'affirmation de ce qu'elles proclament et alimentent leur thèse avec de multiples arguments souvent orientés. Parallèlement, les opinions molles se taisent ou tentent parfois une incursion timide dans les débats, avant d'être placardisées. Alors que dire des rares opinions dissonantes ? Sous la pression majoritaire du groupe, elles sont généralement passées sous silence ou travesties. Dit autrement, dans un collectif déjà engagé dans un certain sens, les positions les plus extrêmes sont les plus influentes sur les débats et donc sur l'opinion générale qui peut s'en dégager.

Une recherche de rentabilité de la dépense

Quelle qu'elle puisse être, une discussion collégiale représente plusieurs formes de coûts pour les participants. D'une part, un coût cognitif, car chacun va devoir réfléchir, parler, penser, écouter les autres et synthétiser les opinions. Cela demande un effort important qui sollicite différentes activités mentales auxquelles il faudra ajouter une forte dose de motivation à ne pas se tromper. D'autre part, cela représente une dépense de temps passé à la discussion. En entreprise, les réunions sont de réels poisons pour la productivité, surtout quand elles commencent en retard et qu'elles ne débouchent sur rien de concret. Accepter de débattre revient donc à prendre un temps de réflexion pendant lequel nous ne sommes pas dans l'action. Enfin, et c'est le plus intéressant d'un point de vue psychologique, la discussion représente également une dépense émotionnelle. Débattre, c'est se confronter à l'autre, accepter potentiellement que l'on puisse avoir tort, se dévoiler, exposer des idées et peut-être devoir sortir d'une pudeur confortable. Contredire ses collègues ou contre-argumenter revient ainsi à prendre le risque de s'engager dans un processus de conflit plus ou moins structurel. Plus encore, débattre, c'est potentiellement s'exposer à une forme de dissonance cognitive entre son opinion personnelle et la décision prise par le collectif. Imaginez-vous participer à une réunion sans partager l'avis dominant, pour finalement vous retrouver contraint de vous rallier à la décision prise…

Alors comment amortir ou rentabiliser ces dépenses ? En radicalisant notre opinion ! C'est sans doute contre-intuitif car totalement inconscient et, bien sûr, il existe d'autres options possibles, mais celle-ci est classique. Si nous acceptons de débattre, de consacrer du temps au dialogue et de nous dévoiler en sortant d'une forme de réserve personnelle, nous chercherons sans doute à rentabiliser toutes ces dépenses en optant pour une opinion plus radicale, comme si cela permettait de justifier tous ces efforts consentis.

Un engagement qui enferme dans un engrenage abscons

La théorie de l'engagement social est certainement la plus contre-intuitive et la plus incarnée par des expériences de psychologie sociale[61]. Elle décrit le phénomène par lequel nous pouvons nous retrouver piégés par un raisonnement ou des actes jusqu'au-boutistes qui nous poussent à prendre des décisions erronées dans le seul but de rester cohérents avec nos choix initiaux.

En labo

Ellen Langer[62] propose aux étudiants d'une université américaine de s'inscrire à un week-end de ski coûtant 150 dollars dans une station dont le domaine skiable est raisonnable. Quelques jours plus tard, elle propose un autre week-end dans une station dont le domaine est bien plus étoffé que le premier pour la somme de 100 dollars seulement. Certains étudiants s'inscrivent aux deux séjours sans avoir remarqué qu'il s'agissait de la même date, et sans possibilité d'être remboursés. Bien sûr, ces deux offres sont factices et les étudiants seront intégralement remboursés car ils ont été les victimes d'une odieuse manipulation… Mais la professeure de psychologie

61. Voir Beauvois J.-L. et Joulé R.-V. (2017).
62. Langer E. (1975).

veut savoir quelle sera la décision de ces étudiants une fois mis au pied du mur. Quel week-end vont-ils choisir ? Si on raisonne de façon logique, on comprend que pour un séjour à 250 dollars, les étudiants devraient choisir la seconde offre, dans la station la plus attractive... Eh bien non ! 56 % des étudiants optent pour le premier week-end car ils pensent davantage rentabiliser la dépense en choisissant le séjour le plus cher et, surtout, parce qu'il s'agit du premier week-end auquel ils se sont inscrits. Le cerveau est ainsi fait : tous les jours, nous pouvons être amenés à faire des choix qui ne sont pas les plus rationnels mais qui satisfont un besoin fondamental de rester cohérent avec nos opinions ou choix initiaux.

Le piège abscons peut ainsi se refermer sur nous quand il nous est impossible de reconnaître que nous avons tort ou quand il devient indispensable d'aller au bout de la logique et de la démarche que nous avons initiée[63]. Combien de fois un collègue défend-il un choix que nous savons mauvais et que peut-être lui-même sait inadapté ou inefficace ? Un recruteur défend un candidat, réussit à l'imposer au manager, et pendant toute la période d'essai, il nie les erreurs de ce nouveau collègue, minimise ses carences et continue coûte que coûte à le défendre parce qu'il ne veut pas perdre la face alors qu'il est censé être l'expert référent. Quand un collectif partage une opinion et que les arguments s'enrichissent mutuellement dans la logique mimétique décrite plus haut, c'est tout le collectif qui, par excès d'engagement, radicalise sa position pour « se donner raison ». La radicalité de nos opinions est ainsi proportionnelle à notre sentiment implicite d'avoir raison.

En résumé, le groupe peut polariser les opinions individuelles et faire prendre des risques inconsidérés aux entreprises. Plus le degré de responsabilité est élevé, plus les décisions affectent

63. Pour une revue de questions, voir Beauvois J.-L. et Joulé R.-V. (2017) ; voir aussi l'interview de Jacques Rojot sur la théorie de l'engagement sur www.culturenego.fr : « Comment ne pas se retrouver piégé par ses choix » (2016).

la performance et l'activité professionnelle, et plus le danger de radicalisation est fort. L'irrationalité ou le narcissisme des participants sont également des conditions aggravantes, mais la simple mise en débat d'un choix ou d'une décision peut suffire à faire apparaître un tel biais collectif. Même si, comme nous l'avons vu, les conditions d'apparition d'un tel phénomène sont nombreuses, le risque n'en demeure pas moins réel.

Les cinq clefs pour éviter la radicalisation des décisions collectives

- *Augmenter la diversité des profils* dans les collectifs pour garantir une plus grande confrontation d'idées variées, et ce au plus haut niveau de l'entreprise. Limiter l'entre-soi dans les réunions et les discussions informelles en favorisant le mélange. Faire en sorte, par exemple, que pendant les réunions, les participants se mélangent en ne s'installant pas toujours à la même place et à côté des mêmes collègues.
- *Créer des dynamiques de confrontation des idées* à même de faciliter les débats contradictoires, par exemple en faisant travailler des sous-groupes dont la tâche sera opposée (les « pour » d'un côté et les « contre » de l'autre). Proposer aux membres d'un collectif d'autres modèles et d'autres visions, par des conférences, du benchmark ou de la veille documentaire.
- *Dépassionner les échanges* dans les débats pour limiter les dangers d'un repli sur soi et d'une logique jusqu'au-boutiste à tendance narcissique. Car plus les sujets débattus sont émotionnellement investis, plus on augmente le risque de voir les positions se radicaliser.

- *Accepter très tôt les erreurs de jugement et les remises en question,* sans chercher à les rationnaliser à tout prix. Il est plus simple de revenir sur ses propos ou de changer d'avis quand on ne s'est pas engagé trop intensément dans une argumentation dense. Et, en cas de conflit, intervenir le plus tôt possible en s'appuyant sur un protocole relationnel préétabli.
- *Limiter le coût des réunions,* sur le plan cognitif et émotionnel, pour limiter les risques de rentabilisation de l'effort. Organiser des réunions courtes, bien structurées, avec un ordre du jour auquel on se tient, rendre les propos simples et compréhensibles par toutes et tous.

chapitre 5

La normalisation. Ou comment le collectif peut créer une norme inappropriée mais confortable

Ce chapitre est consacré à l'une des théories fondatrices de la psychologie sociale, portée par l'un des plus célèbres chefs de file de cette discipline : Muzafer Sherif. À l'inverse de la polarisation sociale, la normalisation décrit le phénomène par lequel les membres d'un groupe peuvent progressivement converger les uns vers les autres pour aboutir à une norme moyenne commune. Il n'est pas ici question de radicalisation, mais au contraire d'un consensus rassurant, permettant de garantir la pérennité du collectif. Avant de dépeindre et de mesurer les conséquences négatives de ce phénomène pour l'entreprise, il nous faut d'abord comprendre ce qu'est une norme et en quoi elle est indispensable.

La norme : un outil de régulation et de confort indispensable aux collectifs

Muzaref Sherif décrit la norme comme une « échelle de référence ou d'évaluation qui, par ses prescriptions et interdictions, définit une marge de comportements, attitudes et opinions, plus ou moins admis[64] ». Cette définition académique comporte des éléments qu'il est nécessaire d'expliquer pour comprendre l'importance des normes.

- *Une norme est un intervalle de tolérance.* Si elle est délimitée par des bornes, la norme est toujours un espace à l'intérieur duquel sont acceptés un certain nombre d'idées ou de comportements variés. Elle n'est quasiment jamais binaire. Sur une autoroute, par exemple, il est interdit de dépasser les 130 km/h mais il n'est pas plus toléré par la loi de rouler en deçà de 80 km/h. Toutes les vitesses sont tolérées et permises dans cet intervalle compris entre 80 et 130 km/h. Il en est de même pour les normes en entreprise : on peut accepter que les salariés commencent leur journée de travail dans un intervalle horaire toléré. En fonction des environnements de travail, un salarié peut arriver entre 8 h 30 et 10 heures, mais au-delà de ce seuil souvent implicite, on pourra considérer que le comportement est hors norme. Les codes verbaux, les tenues vestimentaires et autres normes implicites qui régulent les « bonnes » attitudes en entreprise fonctionnent de la même façon.
- *Une norme peut être explicite ou implicite.* Il est assez facile de décrire les normes explicites dans un écosystème car elles prennent la forme de lois ou d'obligations réglementaires.

64. Sherif M. (1936).

C'est le cas, par exemple, du règlement intérieur d'une entreprise. Les normes implicites sont plus floues et de fait plus intéressantes d'un point de vue psychologique. Elles sont construites par la culture partagée au sein d'un écosystème mais ne correspondent à aucun texte ni à aucune réglementation officielle. Il n'est, par exemple, écrit nulle part qu'il est permis ou interdit de venir au bureau sans cravate : c'est la culture de l'entreprise qui autorise ou pénalise indirectement ces comportements. Paradoxalement, ces normes implicites sont parfois beaucoup plus puissantes sur les attitudes de chacun que ne peuvent l'être les règles officielles, car celles-ci ne peuvent pas couvrir des éléments trop éloignés de la pratique professionnelle et risqueraient d'être non conformes à la loi.

Dans l'entreprise

Le cadre légal régissant la non-discrimination en entreprise interdit d'imposer un plafond de verre lié à l'âge concernant la promotion professionnelle. Il n'existe donc pas de norme officielle empêchant d'accéder à des fonctions managériales ou à un poste d'associé au-delà d'un certain âge. Et pourtant, quasiment toutes les entreprises ont intégré cette limite d'âge comme une norme implicite, au point que celle-ci s'impose « naturellement », que ce soit dans les décisions d'attribution de poste en interne ou dans les politiques de recrutement en externe.

Ce sont bien les normes implicites qui nous intéressent ici car nous ne sommes pas dans une perspective légaliste ou réglementaire.

- *Une norme est culturelle, donc fluctuante.* L'intérêt de travailler sur les normes et la complexité d'analyse qui leur est associée réside dans le fait qu'elles sont définies à un niveau culturel. Bien sûr, les lois diffèrent d'un pays à l'autre, au même titre que toutes les entreprises ne sont pas régies par les mêmes règles officielles, en fonction de leur taille par exemple. Mais là encore, c'est bien l'effet de la culture sur les normes implicites qui est le plus intéressant.

Dans la vraie vie

Les normes relationnelles sont intéressantes d'un point de vue interculturel et on peut vite en faire les frais quand nous sommes à l'étranger. L'espace acceptable entre deux personnes qui discutent ou les contacts physiques sont, par exemple, des marqueurs forts et très différents selon les cultures. Ainsi, notre culture occidentale nous impose une distance de courtoisie minimum avec des inconnus et nous supportons difficilement que notre territoire intime soit occupé, voire envahi, par une personne à laquelle nous n'autorisons pas cette zone, à peu près équivalente à la longueur de notre bras. Et que dire des contacts physiques ? Toucher le bras d'un inconnu, lui mettre la main sur l'épaule peut directement vous envoyer au tribunal aux États-Unis alors que ce sera le minimum requis d'une discussion cordiale en Afrique !

Il faut donc bien connaître et comprendre les normes implicites d'une entreprise pour s'y intégrer. Mais ces dernières se définissent également au niveau de la culture globale du pays ou de la zone dans laquelle l'entreprise est active.

Dans l'entreprise

Indépendamment de ses normes culturelles internes, une même entreprise ne sera pas régie par les mêmes règles de fonctionnement si elle est installée en France, au Venezuela, au Nigeria ou au Qatar. C'est tout l'intérêt des formations à l'expatriation ou à l'impatriation que les multinationales proposent aux managers qui partent vivre à l'étranger ou aux étrangers qui viennent travailler dans une tour de La Défense. L'échec d'une aventure à l'étranger, pourtant dans la même entreprise, est rarement lié à l'incompétence d'un salarié qui a été finement casté pour l'aventure mais plutôt à la difficulté qu'il peut ressentir (ainsi que les membres de sa famille) pour s'adapter à des normes culturelles exogènes très différentes concernant les relations sociales, la place des femmes, l'école, ou encore les conduites attendues dans le quotidien. C'est aussi vrai pour les sédentaires en contact avec des étrangers, les négociateurs (postes commerciaux) à l'étranger et les managers internationaux.

Si les normes sont fluctuantes en fonction des pays ou des cultures, elles le sont aussi dans le temps. Puisqu'elles représentent des intervalles de comportements ou d'opinions tolérées, on comprend que les évolutions sociétales les font bouger en permanence, soit lentement, soit par à-coups, sous l'impulsion d'une nouvelle loi par exemple.

Certaines entreprises ont du mal à suivre le fil des évolutions sociétales et des normes implicites qui leur sont associées : elles restent campées sur des postures d'un autre temps et attirent mécaniquement moins les talents. C'est le cas, par exemple, de l'acceptation des différences liées à l'orientation sexuelle. Depuis 2007, le Pacs, le mariage pour tous, la charte LGBT ont fait bouger les lignes et ont banalisé l'homosexualité, la sortant de son ghetto contre-normatif, voire pathologique, que les stéréotypes avaient fabriqué depuis des décennies. Sachant qu'environ 10 % de la population active se déclare LGBT dans les sondages, on comprend qu'une entreprise qui ne s'adapte pas à cette nouvelle norme devient peu attractive pour les candidats LGBT qui lui préféreront une entreprise concurrente plus « gay-friendly ». Cette difficulté à évoluer est proportionnelle à la taille de l'entreprise et à son ancienneté. C'est en effet plus facile d'être agile dans une start-up de vingt personnes, créée il y a moins de cinq ans que dans une multinationale industrielle vieille d'un siècle ! Les cartes des normes implicites sont donc perpétuellement rebattues, du fait de l'internationalisation des entreprises comme de celle du marché. Et la rapidité croissante à laquelle se produisent les évolutions sociétales tend également à accélérer ce phénomène.

La liste des caractéristiques des normes implicites donne à penser qu'elles sont contraignantes pour les entreprises… Alors comment expliquer qu'elles y soient omniprésentes ? Comme souvent, cela met en évidence le paradoxe de la « contrainte indispensable », car les normes remplissent des fonctions qui les rendent incontournables. Observons d'un peu plus près la nature de ces fonctions.

Un outil de communication

Les normes régulent nos interactions sociales. Sans elles, il nous est impossible de se comprendre. Le niveau le plus simple pour s'en apercevoir est celui de la langue parlée : sans normes partagées, pas de langue d'échange commune et pas de communication. À un niveau plus fin, on peut évoquer les normes de tutoiement ou de vouvoiement. Comment s'adresser à un collègue en fonction de son âge, de son statut ou de son sexe ? Et que dire de la fameuse salutation du matin ? On se sert la main ? On se fait un signe ? On se fait la bise ? Et combien de bises, d'ailleurs ? On comprend que les normes implicites sont indispensables à la régulation des relations professionnelles. Là encore, rien de gravé dans le marbre, que de l'implicite !

Dans l'entreprise

Quel enfer vit le stagiaire lors de sa première semaine dans une nouvelle entreprise ! Il ignore tout de ce qui se dit ou de ce qui se fait. Et, surtout, il ne connaît pas les codes langagiers pétris d'anglicismes et d'acronymes propres à chaque environnement. Il ne serait pas plus désemparé à Pékin, tant les échanges sont pollués d'expressions ou de sigles qu'il ignore. Au point que, dans certaines entreprises, les stagiaires ou les nouveaux arrivants se voient remettre un petit lexique, exactement comme s'ils se promenaient dans un pays inconnu avec un dictionnaire dans les mains !

Un outil de régulation du stress

Les normes représentent également de formidables outils de régulation du stress face à la méconnaissance d'un environnement étranger. La psychologie humaine déteste l'inconnu car il nous plonge dans une incapacité à agir de façon adéquate et à anticiper des situations futures analogues. L'absence de contrôle liée à l'inconnu est ainsi anxiogène et les normes viennent pallier ce sentiment désagréable. Savoir comment agir, penser ou se comporter nous donne les clefs de cet intervalle toléré dans lequel nous pouvons nous positionner. Et nous voilà rassurés !

L'entreprise est un écosystème de moins en moins prédictif, de plus en plus changeant et, de fait, il peut créer des zones de stress par la méconnaissance de son fonctionnement. Les organigrammes se complexifient, les fonctions se superposent, les responsabilités sont partagées, de sorte que l'on peut finir par perdre de vue le sens de nos actes ou de nos décisions. Aussi, plus l'entreprise est opaque sur son fonctionnement ou sa stratégie, plus elle laisse se répandre un sentiment de perte de contrôle qui peut dégénérer en stress viral, source de mal-être et de désinvestissement. Les normes permettent donc de réduire l'anxiété, de donner du sens et de créer un environnement rassurant.

Un outil de cohésion sociale

Enfin, et c'est là une fonctionnalité essentielle des normes, elles renforcent la cohésion et le sentiment d'appartenance à l'écosystème[65]. La connaissance des normes aide à entretenir le sentiment qu'on « est dedans ». Tous les groupes fonctionnent sur des normes implicites qui, quand elles sont partagées, renforcent le sentiment d'appartenance. Quel déplaisir quand on est témoin d'une complicité entre deux collègues sur la base d'une aventure commune ou d'une *private joke* qui nous échappe ! Nous nous sentons vite exclus car nous ne disposons pas des clefs implicites d'appartenance qui sont pourtant essentielles à la bonne marche de l'entreprise. L'histoire, les valeurs, les us et coutumes de l'entreprise sont des éléments très fortement constitutifs de sa culture et leur maîtrise représente un élément important du bien-être au travail.

En somme, les normes d'une entreprise régulent les interactions sociales, rassurent et produisent un fort sentiment d'appartenance, source de bien-être. Elles sont donc indispensables à sa bonne marche, indépendamment des contraintes qu'elles induisent.

La normalisation : une convergence vers des normes communes

Alors que faire quand nous sommes plongés dans un environnement inconnu ? Que fait le collégien en programme d'échange européen lorsqu'il arrive pour la première fois dans sa famille d'accueil ? Il identifie un rôle modèle et l'imite car l'imitation est sans doute le comportement le plus archaïque de la psychologie humaine, et c'est d'ailleurs le premier mode d'interaction du nourrisson.

65. Hogg M. A. (1992).

Dans la vraie vie

Le bébé perçoit le monde comme un tout auquel il fait partie, sans vraiment dissocier son propre corps du reste du monde. Le visage de sa mère ou de son père au-dessus de son berceau représente, pour lui, des éléments de sa propre identité. Alors, s'il voit un sourire, il sourit. Et s'il observe une marque de dégoût lié à l'odeur nauséabonde que son activité intestinale quotidienne produit, il grimace. L'imitation est la toute première forme d'interaction avec le monde extérieur et ce réflexe ne nous quitte jamais vraiment. Notez le mimétisme entre notre visage et ce qui se passe dans un film que nous regardons ! Nous sourions, pleurons, grimaçons au diapason des émotions qui traversent les acteurs. Et plus l'identification est forte, plus le mimétisme est marqué.

En l'absence de norme connue, nous sommes donc tentés d'imiter des référents, c'est-à-dire des personnes auxquelles nous pouvons facilement nous identifier. Notre adolescent qui vit son immersion en terre inconnue imite son correspondant et finit par internaliser les normes culturelles qu'il apprivoise petit à petit afin de les reproduire et de se sentir confortable. Au même titre, il n'y a pas plus parisianistes que les Parisiens d'adoption ! C'est bien la volonté d'intégrer les normes parfois « snobinardes » qui pousse certains régionaux tentant l'aventure parisienne de pousser le mimétisme à l'extrême pour prouver qu'ils « en sont ». Certains surjouent leur rôle pour satisfaire les besoins inhérents aux normes : interagir facilement, réduire le stress de l'inconnu et démontrer une appartenance pourtant « non naturelle ».

Mais que se passe-t-il maintenant si tout un groupe est plongé dans l'inconnu, sans norme, sans expert auquel se référer, et sans rôle modèle à imiter ?

C'est l'objet des premiers travaux[66] de Muzafer Sherif sur la normalisation. Il fait la démonstration dans une expérience désormais célèbre que quand un collectif doit faire face à une situation sans référence connue, ses membres appliquent quand même le principe de l'imitation, mais en s'alignant sur les comportements d'autres personnes elles-mêmes non expertes de la situation. Et, bien sûr, les autres en font de même, de sorte que tous les participants deviennent à la fois sources et cibles d'une imitation croisée et réciproque. Cela aboutit au processus de normalisation qu'il définit comme un « processus graduel de convergence des opinions et comportements des membres d'un groupe aboutissant à la création d'une norme commune[67] ».

La normalisation est donc le processus par lequel se créent les normes quand elles n'existent pas ou quand elles sont inconnues de tous. Des opinions divergentes, car renvoyant à des personnalités différentes, finissent par converger pour aboutir à une opinion commune sous la forme d'un compromis qui remplit les fonctions que nous venons de décrire. Ainsi le groupe bâtit-il un socle partagé lui permettant de communiquer, de se rassurer et de se sentir exister comme un tout cohérent.

En labo

Muzafer Sherif démontre ce phénomène par une expérience assez stupéfiante, en s'appuyant sur une déformation naturelle de notre système visuel : l'effet autocinétique. Si nous observons un point lumineux dans une obscurité totale, sans référence spatiale, notre système visuel met automatiquement ce point en mouvement. Cette déformation est inhérente à notre cognition mais elle varie d'un individu à l'autre en intensité. Il va donc proposer une expérience à des participants volontaires pour tester cette prétendue défaillance. Il leur propose de s'installer seuls dans une pièce totalement obscure et leur annonce qu'un point lumineux va apparaître, dériver quelques

66. Sherif M. (1966).
67. Sherif M. et Hovland C. I. (1965).

secondes puis s'éteindre. L'exercice consiste à déclarer à haute voix de combien de centimètres le point semble se déplacer. Les participants effectuent cette tâche plusieurs fois de suite, puis on calcule la distance moyenne que le point aurait parcouru selon la perception visuelle de chacun. Étant donné qu'ils voient le point bouger de façon variable en fonction du degré de déformation de leur propre système visuel, chacun a donc sa propre norme mais personne n'a d'idée ni de *feedback* sur l'exactitude de sa perception. Dans un second temps, le chercheur prétexte manquer de place dans le laboratoire et propose aux participants d'effectuer cette tâche non plus seuls mais dans des groupes de deux à quatre personnes. Les participants sont donc installés côte à côte dans cette même pièce obscure, face à ce même écran sur lequel le point se déplace. De la même façon, ils doivent annoncer à haute voix la distance parcourue, de sorte que chacun entend les réponses des autres et ce, lors de plusieurs essais répétés. À l'issue de cette phase de groupe, il calcule à nouveau la moyenne des distances de chaque participant, puis les compare avec les résultats de la première phase individuelle. Les résultats montrent qu'en l'absence de norme et de *feedback*, les participants finissent par faire converger leurs perceptions au point de voir, au fil des essais, le point bouger de la même façon ou presque. De plus, la distance moyenne perçue se situe la plupart du temps au milieu des distances individuelles. Par exemple, si Valentin voit le point bouger en moyenne de 7 cm, Baptiste de 10 cm et Axelle de 13 cm, à la fin des séances, les trois participants voient le point bouger de 10,5 cm, ce qui correspond à une moyenne convergente des trois personnes. Ils sont donc convaincus de voir le point bouger à l'identique. Mais la magie de cette expérience est qu'en réalité le point lumineux ne bouge jamais. En effet, il s'agit d'une ampoule vissée dans un panneau de bois totalement fixe ! Finalement, tout le monde se trompe. La situation de groupe fabrique une erreur convergente non conscientisée car les participants sont rassurés et ont plaisir à voir la même chose.

Par le processus de convergence des opinions, la normalisation produit donc une référence d'opinion qui gomme les différences interindividuelles et c'est bien là que le bât blesse. Toutes les entreprises aujourd'hui doivent faire face à des évolutions rapides et à des modalités de fonctionnement nouvelles. Elles ont donc besoin de créativité, d'innovation et d'agilité dans leur capacité à comprendre les évolutions du marché, les nouvelles attentes des consommateurs et surtout la diversité grandissante des profils et des appétences en interne.

Pour répondre à ces défis, beaucoup d'entre elles misent sur le tout-coopératif, imaginant une nouvelle fois de façon un peu rapide que le collectif apporte la garantie d'une confrontation des idées qui permettra de tendre vers l'exactitude des décisions prises. Mais là encore, c'est méconnaître les dynamiques systémiques et inconscientes qui traversent le fonctionnement des collectifs, à l'instar de la normalisation. Car les opinions au sein d'un groupe sont toujours distribuées selon la loi normale statistique. Une majorité de personnes expriment une position modérée et peu défendent des opinions radicales. Or, si le principe de normalisation s'applique face à de nouveaux défis inconnus, on comprend que les opinions radicales, donc minoritaires, sont celles qui auront mécaniquement le plus de mal à s'imposer car le groupe va davantage fonctionner sur un besoin de partager des normes que sur celui de produire la réponse la plus rationnelle. Si l'enjeu du fonctionnement d'un groupe est de satisfaire des besoins de confort (communication, gestion du stress et cohésion sociale), il semble évident qu'il risque de perdre de vue son objectif initial de rationalité dans la décision prise.

Quelles conséquences pour l'entreprise ?

Le premier écueil concerne précisément les erreurs qui peuvent découler de ce phénomène de normalisation. Le principe des débats débouchant sur un vote majoritaire renforce ce risque de convergence vers une norme « molle ».

Dans la vraie vie

En reprenant l'exemple des jurys d'assises évoqué dans le chapitre sur la polarisation, on peut souvent voir apparaître un phénomène de normalisation. La polarisation se produit quand il y a déjà un consensus des opinions dans le sens de la culpabilité ou de l'innocence de l'accusé. Imaginons maintenant que le procès débouche sur une totale incertitude concernant cette culpabilité. Les faits sont troubles, mettant en évidence des éléments à charge et d'autres à décharge, les experts psychologiques et les témoins se contredisent, les avocats exposent des plaidoiries contraires de sorte qu'au début de la délibération, personne ne détient une quelconque vérité factuelle. De fait, on peut se retrouver avec six jurés convaincus de l'innocence de l'accusé qui sont prêts à l'acquitter et six jurés convaincus de sa culpabilité, enclins à l'emprisonner 25 ans pour le crime supposément commis. Comment le groupe va-t-il alors gérer la situation ? Il y a fort à penser, par effet de normalisation, qu'il va produire une norme convergente en attribuant entre 5 et 10 ans de prison ! On a trouvé un compromis qui permet au groupe de s'extraire d'une situation bloquante mais on produit un verdict qui ne répond aucunement à la réalité car, si l'accusé est innocent, c'est une injustice de le punir si lourdement, et s'il est coupable, la peine semblera bien faible pour les proches de la victime. En outre, le verdict ne correspond à l'opinion de quasiment personne dans le groupe ! Quel paradoxe…

Face à une situation nouvelle, la normalisation peut donc déboucher sur des décisions inadaptées parce qu'on se sera focalisé sur les opinions majoritaires du groupe, sur la base de leur expertise ou de leur intuition. Mais on risque de passer à côté d'opinions moins fréquentes car elles risqueraient de trop déstabiliser le groupe si on les prenait en compte.

Le second écueil concerne davantage l'effet d'une décision normalisée sur les différents acteurs du débat. Si les opinions rares sont peu entendues, voire sont écartées, on peut imaginer la déception ou le discrédit que sont susceptibles de ressentir les personnes qui les défendent. En outre, ce sentiment d'exclusion, quand il est répété, peut pousser inconsciemment les atypiques à s'autocensurer vis-à-vis de l'originalité de leur pensée. Le cerveau est une formidable machine quand on la laisse fonctionner pleinement. Mais si on le contraint dans des modèles, il finit par y adhérer car les enjeux émotionnels tels que la réduction du stress ou le besoin d'appartenance peuvent bloquer ses fonctions cognitives liées au raisonnement. La diversité réelle présente à l'origine d'un collectif peut se réduire progressivement à mesure que le groupe fonctionne sur un principe mimétique.

Au-delà des dynamiques de plafond de verre qui bloquent certains profils dans l'accès à des fonctions supérieures, on comprend que quand elle est répétée et durable, la normalisation dans les entreprises finit par produire des groupes fatalement homogènes.

Ce problème du mimétisme est aujourd'hui d'autant plus problématique que la diversité de notre société (et donc des entreprises) augmente. La féminisation des formations et des métiers, les flux migratoires, la visibilité du handicap, l'allongement du temps de travail sont autant de dynamiques sociétales qui augmentent la diversité des profils dans les entreprises, ce qui représente une opportunité. Mais si tous ces profils atypiques sont contraints de rentrer dans des dynamiques normalisantes, on crée nettement plus de déçus que ce n'était le cas quelques décennies en arrière ! La diversité des profils n'a de sens que si on la laisse s'exprimer dans une dynamique inclusive[68]. À défaut, l'entreprise s'engage dans une impasse en termes de performance. En effet, les personnes qui s'assimilent réduisent la potentialité d'innovation dont les entreprises ont pourtant tellement besoin, et celles et ceux qui refusent l'assimilation ressentent un mal-être ou une frustration qui les désengagent ou les font partir. Dans tous les cas de figure, l'entreprise perd des talents qui ne sont pas forcément les meilleurs mais qui sont quantitativement grandissants.

En conclusion de ce chapitre, l'entreprise est un écosystème qui repose nécessairement sur une culture forte et, ainsi, sur des normes explicites et implicites solides. Ces normes sont contraignantes mais indispensables à sa survie. Néanmoins, elles réduisent de fait les divergences, mettent en avant les décisions « molles » les plus rassurantes et peuvent conduire à une incapacité à répondre à des défis d'innovation et d'agilité. Il est donc urgent pour les entreprises les moins mobiles de réagir, au risque de faire fuir les talents vers des environnements plus en phase avec des modèles collaboratifs moins assimilationnistes.

Les cinq clefs pour éviter la normalisation convergente des décisions collectives

- *Créer un environnement rassurant* afin que les décisions ne soient pas guidées par le stress mais bien par la rationalité. Cela passe par la communication dans le collectif, la

68. Voir Scharnitzky P. et Stone P. (2018).

régulation des échanges, la résolution des conflits et par une vision simple et partagée des objectifs afin de mettre chacun dans une position confortable permettant l'audace et la prise de risques.

- *Introduire de la diversité dans les débats* et laisser exister les opinions divergentes et originales sans ironie. Inviter par exemple des salariés dans les réunions des instances de direction qui pourraient apporter une vision nouvelle et différente. Et créer des instances intermédiaires de débat reprenant des sujets habituellement débattus par la direction seulement. C'est le cas par exemple des entreprises expérimentant les *shadow Comex*.
- *Faire exister des normes acceptant des marges de tolérance.* Ne pas être rigide sur la façon de fonctionner dans un collectif en imposant des règles trop homogènes et strictes. Accepter les « petites déviances » qui banalisent une forme de divergence dans les pratiques et les opinions.
- *Innover progressivement* sans opérer de changements trop radicaux donnant l'impression d'une nouvelle posture hors norme impossible à intégrer. En effet, les normes évoluent et s'évasent lentement en acceptant des limites de plus en plus larges.
- *Commencer les débats par les arguments* et non par les avis de chacun. Ce sont les arguments débattus qui doivent conduire aux décisions et non les opinions initiales qui peuvent pousser le collectif à trouver un consensus rassurant. En cas de vote, procéder de façon confidentielle avant de communiquer l'opinion moyenne.

chapitre 6

Le conformisme. Ou comment le collectif dicte sa loi aux dissidents isolés

Le conformisme est sans doute la forme d'influence sociale la plus classique que le groupe puisse exercer sur les individus. Comment une personne en désaccord avec son groupe peut-elle être tentée de changer d'avis pour se rallier à la norme majoritaire en place ? En apparence, nous sommes assez proches du phénomène de normalisation car l'issue est également la convergence des opinions et des attitudes ne laissant pas de place à une diversité source de créativité sociale. En réalité, la différence est notable : contrairement à la normalisation, le conformisme se manifeste quand la norme existe déjà. Son effet sera d'autant plus puissant que la norme sera fortement installée et/ou respectée par le plus grand nombre.

C'est le psychosociologue américain Solomon Asch[69] qui incarne ce phénomène par une expérience devenue célèbre et dont les résultats furent à l'époque très contre-intuitifs.

Dans l'entreprise

Quatre collègues discutent à propos d'un candidat qu'ils ont, chacun, reçu en entretien individuel. Nous avons autour de la table deux RH, un manager opérationnel et un psychologue. Trois d'entre eux ont trouvé le candidat excellent, seul un RH nourrit des doutes quant à sa motivation. Il laisse les autres parler les premiers lors du tour de table de debrief : chacun expose son impression positive et les arguments s'enchaînent dans un enthousiasme partagé. Vient alors le moment où notre dissident doit donner son avis. Il a face à lui le manager avec lequel cette nouvelle recrue potentielle devra travailler, une collègue RH qu'il respecte et le psychologue, expert des analyses personnologiques. Il est donc compliqué, à lui tout seul, de contredire cet avis majoritaire. Il dispose de deux choix : soit il défend son opinion personnelle négative, mais dans ce cas il se met en opposition par rapport aux trois autres ; soit il se rallie à l'opinion majoritaire, mais prend le risque de se mettre personnellement en dissonance cognitive.

C'est précisément ce dilemme décisionnel que Solomon Asch a étudié à travers une expérience en laboratoire, permettant de tester scientifiquement ce phénomène. L'expérience lui a en outre permis de tester des variantes de la situation classique, donnant lieu à des résultats différents, ce qui l'a amené à identifier des facteurs de conformisme de degrés variables. Ce chapitre propose d'expliquer les rouages du conformisme et de lister les facteurs permettant de limiter les biais consécutifs dans les prises de décision collectives.

69. Asch S. (1951 et 1955).

En labo

Solomon Asch propose à des participants d'observer trois lignes de longueurs différentes sur une diapositive et une seule ligne sur une autre. Puis il leur demande de déclarer, à haute voix, quelle ligne de la première planche est d'égale longueur à celle de la seconde. Tâche simple s'il en est, que ces derniers réussissent facilement puisque dans une phase individuelle, ils ne se trompent que dans 7 % des cas. Dans une seconde phase en groupe, les participants sont sept dans la même salle à annoncer leur réponse pour 18 paires de planches. Mais seul le dernier à parler est un réel participant « naïf » de l'expérience : tous les autres sont des complices qui répondent selon un scénario déterminé à l'avance. Sur les 18 essais proposés, les compères donnent six fois la bonne réponse de façon unanime. Mais ce sont les douze autres essais qui nous intéressent, lors desquels les six acteurs se trompent volontairement en donnant la même mauvaise réponse, faisant mine d'y croire. Que fait alors notre participant ? Comment répond-il quand il pense connaître la bonne réponse qui se trouve être en désaccord avec celles des autres membres du groupe ? Les résultats montrent que le taux d'erreur passe de 7 à 32 %. Certes, les participants résistent à la pression du groupe dans la plupart des cas, mais l'influence normative du collectif multiplie par 4,5 le risque d'erreur concernant l'opinion individuelle. Plus intéressant encore, on constate que 75 % des participants naïfs se trompent au moins une fois.

Avec cette expérience, Solomon Asch fait la démonstration probante de l'effet du conformisme sur les opinions personnelles. À l'issue de l'expérience, il mène des entretiens individuels avec les participants lors desquels il les débriefe sur le leurre dont ils ont été victimes et les interroge sur les raisons qui les ont poussés à se conformer. Deux types de conformisme émergent de leur discours.

- *Un conformisme informationnel.* Certains participants expliquent qu'ils ont changé d'avis car face à un collectif unanime pensant différemment d'eux, ils finissent par douter de leur réponse et s'en remettent à la loi de la majorité. Dans la vie de tous les jours, et concernant toute sorte d'opinion, nous sommes souvent soumis à cette règle. En effet, il est difficile de résister à l'idée que les grands nombres ne peuvent pas se tromper. Comment autant de monde pourrait avoir tort en même temps ? S'ils voient tous la même chose, c'est sans doute qu'ils ont raison !

Dans la vraie vie

On observe ce phénomène lors de chaque scrutin présidentiel. Il y a en effet toujours un candidat qui grimpe vite dans les sondages dans les semaines précédant l'élection. Ce fut le cas pour Arlette Laguiller en 1995, pour François Bayrou en 2007 et plus récemment pour Jean-Luc Mélenchon en 2017. Outre une adhésion grandissante à un programme ou le charisme du candidat qui peut éventuellement expliquer une partie de cette évolution, cette tendance s'explique par un effet de masse qui crée une spirale persuasive. Plus les gens sont séduits et plus ils donnent par leur nombre du crédit au candidat, indépendamment de son programme. De fait, le ralliement de nouveaux adeptes fait grossir la masse des séduits, qui eux-mêmes deviennent des référents pour de nouveaux électeurs encore hésitants. De fait, les sondages jouent un rôle évident dans cet engrenage.

Cette forme de conformisme est donc assez profonde et durable car le changement d'avis répond au sentiment réel que la nouvelle opinion adoptée est la bonne. Elle repose sur l'émergence de doutes individuels. Nous changeons d'avis par peur des sanctions ou des représailles, même si elles ne sont que symboliques. Il est en effet difficile de ne jamais être d'accord avec les autres lors des réunions de travail. Lorsque nous revendiquons une fois une opinion divergente, tout le monde nous écoute sagement et nous félicite d'avoir osé. La deuxième fois, on nous écoute déjà moins attentivement, car les autres membres du collectif commencent à nourrir l'idée qu'ils ont affaire à une posture contestataire de principe. La troisième fois, on nous explique qu'on devra être concis dans l'exposé de nos idées par manque de temps, la quatrième on nous empêche carrément de prendre la parole et la cinquième, nous n'avons même pas la possibilité de nous exprimer car les autres ont « oublié » de nous inviter à la réunion ! Cet enchaînement, certes caricatural, montre que l'entreprise est un environnement qui n'aime pas beaucoup le non-conformisme.

Par manque de temps et/ou d'acceptation de toute forme de remise en question, les anticonformistes font office de poil à gratter qui freine la bonne marche habituelle du fonctionnement des équipes. Il est donc plus confortable pour les dissidents de se conformer de façon complaisante plutôt que de se confronter dans une posture qui risque d'être vite perçue comme conflictuelle et insubordonnée. Pis, une posture répétée de dissident nous étiquette très vite comme tel et nos propos perdent mécaniquement de leur crédit ! C'est donc un cercle vicieux dans lequel on peut vite tomber.

- *Le conformisme normatif.* D'autres participants de l'expérience de Solomon Asch expliquent qu'ils sont restés sûrs d'eux, convaincus qu'ils avaient raison mais qu'ils n'ont pas pu résister à la pression du collectif. Ils ne souhaitaient en effet pas se sentir exclus ou afficher une posture qui pourrait être perçue comme trop vaniteuse en s'opposant, seuls, à l'opinion partagée de tous les autres. Il est de fait très compliqué de s'opposer à tout un groupe. Cela demande une sacrée dose de confiance en soi pour oser dire publiquement à tous les membres d'un collectif : « Vous vous trompez tous, je suis le seul qui détienne la vérité ! »

Alors, pour contourner cette posture, ils acceptent un malaise induit par le fait qu'ils annoncent une réponse différente de leur opinion personnelle. Cette forme de conformisme est moins puissante mais, surtout, elle provoque une dissonance qui, si elle se répète, peut générer un mal-être. Nul besoin d'être fin psychologue pour comprendre que nous ne pouvons pas aller bien si nous sommes toujours en désaccord mais que nous n'osons jamais l'exprimer ! Alors, dans un écosystème tel que l'entreprise qui impose des normes fortes, cette posture dissonante peut, à terme, désinvestir ou conduire la personne vers la porte de sortie.

Quoi qu'il en soit, la pression conformiste pousse les membres isolés à adhérer à une opinion commune, ce qui crée un engrenage uniformisant de la pensée. *In fine,* c'est tout l'écosystème qui se retrouve affecté par la crédibilité des grands nombres. La dynamique en jeu la plus pesante dans le conformisme repose sur le besoin d'identification car, à long terme, elle cause des dégâts sur le processus décisionnel des collectifs en entreprise.

Le besoin d'une identité sociale partagée

Le psychologue Henri Tajfel a démontré avec sa théorie de l'identité sociale[70] que les groupes d'appartenance sont des vecteurs essentiels de l'estime de soi. Les choix des groupes auxquels nous décidons d'appartenir sont d'ailleurs souvent dictés par ce besoin d'estime de soi positive. Outre l'intérêt pragmatique qu'on y trouve, notre secteur professionnel, nos activités culturelles, notre quartier d'habitation ou notre collectif de travail sont autant de marqueurs identitaires forts. Pour aller bien, nous avons donc besoin de nous sentir appartenir à des groupes sociaux valorisés. Par là même, le sentiment d'être exclu, même symboliquement, d'un collectif auquel nous appartenons

70. Tajfel H. (1969) ; Tajfel H. et Turner J.-C. (1979).

factuellement nous cause un mal-être évident. La placardisation dans l'entreprise est source de dépression car l'exclusion renvoie à un sentiment aussi violent qu'inconfortable.

Se conformer permet donc de répondre à cette injonction d'appartenance sociale, mais avec la limite d'un panurgisme qui peut donner le sentiment d'une certaine interchangeabilité. C'est l'objet de la théorie de la distinctivité optimale[71] de Marilynn Brewer. Cette psychosociologue fait la démonstration que le bien-être en entreprise repose sur un compromis fragile entre un besoin de ressemblance aux autres qui satisfait une nécessité de partage et d'affiliation, et un besoin concomitant de différenciation des autres qui préserve notre unicité et notre identité individuelles. La culture d'entreprise doit ainsi satisfaire ces deux besoins, ce qu'elle peine encore à comprendre. Se conformer au groupe revient donc à mettre en avant la part sociale de notre besoin identitaire, au détriment d'une défense de notre originalité.

En labo

Dans une variante un peu poussée de son expérience, Solomon Asch teste l'effet du degré d'acceptation par le groupe sur les risques de conformisme. Quand le participant « naïf » se présente pour la seconde phase expérimentale de groupe, on lui fait croire qu'il est nettement en retard et que les autres l'attendent depuis longtemps. Il est bien sûr mal à l'aise et cette gêne est accentuée par l'attitude négative que les complices manifestent de façon non verbale à son égard quand il entre dans la salle. Autrement dit, il est symboliquement rejeté par le groupe avant même que la phase des réponses orales ne commence. L'effet est immédiat : le degré de conformisme augmente nettement car le participant bascule dans un besoin d'identification qui l'amène à fortement renoncer à ses opinions individuelles, tellement il souhaite être accepté par le groupe et racheter son retard.

71. Brewer M. B. (1993).

Par conséquent, plus nous sommes symboliquement exclus ou perçus à la marge, plus nous risquons de nous voir imposer des normes conformistes. Imaginons donc ce qu'il se passe pour le stagiaire ou le nouveau venu ! Est-il en position de résister à la pression du collectif ? Certainement pas. Et que dire de la seule femme dans un Codir, du seul Noir de l'équipe, ou de l'unique salarié déclaré en situation de handicap ? En d'autres termes, le conformisme s'abat avec plus de véhémence sur les divergents et les atypiques, car ils peuvent ressentir davantage que les autres un fort besoin de filiation et d'identification au groupe. Quel paradoxe ! Comme pour la normalisation, on crée du mal-être et on fait fuir des talents, or c'est bien à partir de la rencontre d'idées et de vécus différents que peut naître l'agilité dans un collectif. Si le conformisme dicte sa loi, il n'y a plus de place pour la confrontation, pour la diversité exprimée, et les groupes se contentent de reproduire des schémas connus car rassurants.

Le cas des nouveaux arrivants dans l'entreprise est intéressant à cet égard. On mise beaucoup sur la génération Y pour qu'elle change les mentalités et les pratiques dans l'entreprise, concernant l'équilibre des temps de vie, par exemple. On pense naïvement que les jeunes gens entre 23 et 30 ans vont imposer de nouvelles normes aux autres et que tout le monde, à terme, pourra profiter de cette nouvelle donne dans le rapport au travail. Mais c'est sans compter sur la puissance du conformisme qui s'applique comme un besoin de reconnaissance. Même si les plus jeunes, dans le discours, affichent une réelle volonté d'équilibrer raisonnablement leur temps de vie pour profiter par exemple de leur famille, qu'en sera-t-il quand, au bout de cinq ans de conformisme culturel, ils deviendront parents ? Pourront-ils quitter les réunions à 18 heures ou refuser celles qu'on leur impose à des heures indues alors même qu'ils ont accepté cette règle du jeu dès leur arrivée, sous prétexte que n'étant pas encore parents, on pouvait les faire travailler à souhait ? Probablement pas. Alors, soit ils intériorisent cette nouvelle norme et admettent qu'ils n'ont pas le choix, soit ils se complaisent dans une forme de soumission en rationalisant au mieux la dissonance qu'ils peuvent ressentir. Ils nous expliquent alors qu'ils ont peu de temps pour s'occuper de leurs enfants mais que leur travail leur permet de satisfaire une éducation confortable d'un point de vue financier. Et le piège se referme sur eux. L'entreprise ne doit pas penser que la diversité des profils combat mécaniquement le conformisme ambiant. Pour cela, elle doit mettre en place des process et faire évoluer en interne les mentalités pour permettre à chacun de ne pas se conformer sans être puni ou pénalisé.

Dans l'entreprise

Une clef intéressante pour lutter contre le conformisme des primo-arrivants est de mettre en place un process d'intégration qui, très vite, donne un sentiment d'appartenance dans le respect des différences. Puisque les moins expérimentés sont des victimes de choix du conformisme, il faut traiter le sujet dès l'entrée dans l'entreprise. L'intégration des jeunes diplômés est un moment qui doit permettre à chacun de se sentir très vite appartenir à l'entreprise pour enrayer la dynamique de l'affiliation par la mise en conformité des pratiques et des opinions. L'idéal est donc de préparer l'arrivée du nouveau afin qu'il dispose, dès son premier jour, d'informations sur les membres de l'équipe, d'une adresse e-mail, d'un bureau aménagé, d'un badge pour la cantine et d'un ordinateur prêt à l'emploi. On lui présente les membres de l'équipe, on l'invite au restaurant le premier midi, on lui offre des *goodies* qui sont des marqueurs identitaires symboliques forts de son appartenance d'ores et déjà acquise au collectif.

Quels facteurs peuvent réduire l'effet de conformisme ?

Solomon Asch et d'autres chercheurs dans les années qui ont suivi l'expérience originelle ont testé quelques facteurs permettant de limiter l'effet réducteur de la pensée associé au conformisme.

La taille du groupe et l'isolement du dissident

Il va de soi que plus le groupe est important, plus l'isolement ressenti par celui qui est en désaccord sera fort. Seul face à deux détracteurs, on peut résister ; face à cinq, c'est déjà plus dur. Alors si un seul juré est convaincu de l'innocence du suspect face à onze autres qui défendent sa culpabilité, il devient presque impossible de résister à la pression du groupe.

En labo

Solomon Asch teste deux variantes de son expérience qui mettent en évidence cet effet d'isolement du dissident. En sus du participant « naïf » qui s'exprime en 7e et dernière position, il introduit un autre participant « naïf » en position 4. Ce dernier exprime son opinion après trois personnes seulement qui se trompent et surtout avant trois autres qui, si elles se rallient à lui, peuvent faire basculer le groupe dans son sens. Même si les acteurs complices en places 5 et 6 confirment la fausse réponse des trois premiers, les participants en dernière position ne se trompent plus que dans 10 % des cas au lieu de 32 %. Lorsque nous bénéficions d'un allié dans le groupe, il nous est donc plus facile de résister car, même à deux, nous constituons une minorité active capable de résister au groupe. Enfin, dans une dernière variante, ce n'est plus un participant « naïf » qui occupe la position 4 mais un complice qui, lui, ne se trompe jamais. Sur les

18 essais, ce dernier fournit 18 bonnes réponses. Il devient donc un pilier solide sur lequel notre vrai participant peut s'appuyer. Le taux d'erreur tombe alors à 5 %, c'est-à-dire à un niveau inférieur à la situation individuelle.

Pour lutter efficacement contre le conformisme, il ne faut pas se contenter d'introduire dans le groupe une pensée alternative portée par une seule personne. Il convient également de laisser exister une forme de contre-pouvoir, même d'une façon très ponctuelle. C'est le conseil que l'on peut donner à une personne isolée dans un groupe : il faut chercher des alliés proches de ses propres opinions et se présenter ensemble comme un sous-groupe contre-normatif. Ponctuellement, c'est aussi le rôle du manager de mettre en évidence des opinions dissidentes, même s'il ne les partage pas. On commence par ne pas tourner en dérision une idée originale ou inhabituelle, et on ne laisse pas plus le collectif le faire. On accorde du crédit à toutes les idées, indépendamment de leur radicalité ou de leur rareté. Si notre recruteur minoritaire ose dire qu'il ne trouve pas le candidat si bon que cela, on le relance, on lui demande pourquoi, on donne du crédit à son opinion au lieu de le faire taire par une bonne blague ou par une remarque ironique sur la bizarrerie de son avis. La règle est de décorréler une idée de sa fréquence d'apparition en résistant à la tentation du raisonnement automatique selon lequel les opinions rares sont forcément les plus inexactes.

La personnalité du dissident

Certaines personnalités sont davantage capables de résister à la pression du groupe, notamment à l'égard de trois dimensions : le degré d'autoritarisme, la confiance en soi et l'anxiété. Richard Crutchfield[72] a testé le « degré d'autoritarisme » d'une personne,

72. Crutchfield R. (1955).

ce que l'on appellerait plus communément aujourd'hui son niveau d'influençabilité, induite par son assertivité. Il va de soi que moins on est influençable, plus on résiste facilement à la pression du groupe. Idem pour la confiance en soi, les participants les plus confiants dans leur opinion sont davantage capables de résister à la pression conformiste du collectif. C'est d'ailleurs pourquoi le niveau d'études et le niveau intellectuel sont aussi des facteurs efficaces de résistance à la pression. Les plus éduqués et/ou intelligents expriment un sentiment d'expertise plus important, ce qui leur permet également de mieux résister au groupe. De son côté, David Stang a montré[73] que les sujets les plus anxieux se soumettent plus facilement car l'intégration dans le collectif rassure. On comprend avec tous ces exemples que le conformisme ne fonctionne pas de la même façon pour tout le monde et que certaines dynamiques systémiques globales peuvent être contrecarrées par le profil des acteurs. De fait, pour lutter efficacement contre le conformisme en entreprise, il est important de recruter des profils résistants et d'accompagner les salariés pour comprendre les dangers de telles dérives et pour leur apprendre à y résister.

La culture ambiante

On retrouve le poids que représente la culture sur les pratiques habituelles et acceptées à deux niveaux : la culture sociétale et la culture de l'entreprise. Le professeur en psychologie John W. Berry a démontré[74] que dans un environnement socioculturel dit individualiste comme celui de « l'american way of life » où la réussite et les efforts individuels sont placés au cœur de toute forme de succès, le conformisme peut être plus facilement combattu. En revanche, l'ex-bloc de l'Est a permis il y a quelques décennies de tester l'effet d'une culture purement

73. Stang D. (1972).
74. Berry J. W. (1967).

collectiviste dans laquelle le conformisme s'avère sans surprise nettement plus puissant. La méta-culture est donc un facteur déterminant dans la capacité à résister à la pression des groupes.

La culture d'entreprise est aussi affectante car proche du quotidien professionnel et pétrie de règles explicites et implicites qui régulent les interactions professionnelles. Est-il possible et admis de contredire le chef ? Les salariés ont-ils le sentiment que les requêtes sont entendues ? Les *people survey* et autres enquêtes internes de satisfaction donnent-elles lieu à des mesures prenant en compte les appétences des salariés ? Y a-t-il une réelle volonté de changement derrière les discours d'intention ? Toute cette logorrhée sur le changement et sur la valorisation de la contradiction doit absolument s'incarner dans des décisions et dans des aménagements « processés » du travail. Sans quoi, on participe à des réunions pour la forme, on répond à des enquêtes sans y croire, si tant est qu'on y réponde, et rien ne bouge jamais.

Dans l'entreprise

Le mot d'ordre de beaucoup d'entreprises est « l'innovation ». On la promeut, on pousse à la créativité et on érige presque l'absence d'obéissance aveugle comme une règle d'or. Mais, dans le même temps, on sanctionne les erreurs tout autant qu'avant. On demande de prendre des risques mais on les punit s'ils ne débouchent pas sur des résultats probants. Quel nouveau paradoxe ! Pour libérer les initiatives, il faudrait adjoindre une culture d'acceptation, voire de « valorisation » de l'échec. Utiliser les échecs comme un outil d'apprentissage en les partageant par le biais de retours d'expérience au lieu de les glisser sous le tapis. Mais tant que l'on punira l'échec, matériellement ou symboliquement, on ne peut pas espérer favoriser une quelconque prise de risques !

Alors, que penser d'une culture d'entreprise forte ? Elle est bénéfique pour l'engagement, la fidélisation, la fierté d'appartenance et on voit bien comment les entreprises rivalisent aujourd'hui sur cet aspect avec des sièges sociaux de plus en plus beaux et confortables, une valorisation de la marque employeur, des engagements éthiques assumés, des chartes, des labels, et autres preuves plus ou moins probantes de valeurs actuelles et attractives. Mais ne se trompe-t-elle pas de cible ? Vaut-il mieux développer une culture d'entreprise sur des valeurs ou sur des modes de fonctionnement ? Être éthique, ne pas discriminer, favoriser le développement durable ou encore ne pas se rendre complice du travail des enfants dans les pays émergents sont bien entendu des valeurs fortes et louables. Mais si on les érige en dogme et comme une finalité imposée à laquelle tout le monde doit souscrire, la bienveillance de la posture n'empêche pas une injonction homogène, imposée et conformiste. L'influence sociale est clairement plus morale et acceptable quand elle est « pro-sociale » mais elle impose la même rigidité de pensée et la quasi-impossibilité de contredire ou de ne pas se conformer.

En revanche, mettre en avant dans les valeurs un mode de fonctionnement qui prône et assume les pensées alternatives, qui laisse s'exprimer toutes les diversités revient à ouvrir cognitivement les collectifs à l'innovation réelle par un mode de pensée libérée. Plus simple à dire qu'à faire et, surtout, il s'agit là d'une révolution qui ne se décide pas, mais qui doit irriguer les fonctionnements sur le long terme.

En labo

Théodor Adorno et consorts[75] et Milton Rokeach[76] ont, à leur manière, mis en évidence l'effet d'une éducation dogmatique sur la rigidité intellectuelle. Ils démontrent des corrélations très fortes entre la rigidité de l'éducation (autorité parentale stricte et punitive, valeurs transmises de façon dogmatique, etc.) et le style de pensée à l'âge adulte. Les postures les plus morales et les positions les

75. Adorno T. *et al.* (1950).
76. Rokeach M. (1960).

plus rigides sont souvent la conséquence d'une éducation interdisant toute liberté de pensée.

Si l'on transfère cette logique à l'entreprise, toute valeur transmise de façon dogmatique interdit la capacité de contredire, d'inventer ou d'innover et ce, quel que soit le contenu de ces valeurs. Mais le caractère pro-social et « moral » des valeurs que les entreprises affichent et prétendent transmettre fonctionne aujourd'hui comme un nuage de fumée qui cache un mode de fonctionnement de la pensée qui reste rigide. Il ne faudrait ainsi pas se contenter de demander aux salariés d'être inventifs, mais également créer les conditions intellectuelles pour que ce soit possible ! Pour cela, il s'agit de favoriser les débats contradictoires, d'organiser des conférences qui ne soient pas dans le *mainstream* intellectuel ambiant, de faire circuler des études dont les résultats sont contre-intuitifs, de s'inspirer sans cesse de modèles nouveaux et alternatifs…

Un cas particulier : l'influence minoritaire

Face aux résultats de Solomon Asch, la psychologie sociale américaine est longtemps restée campée sur une posture qui définit l'influence sociale uniquement comme un phénomène s'exerçant de la majorité vers la minorité. Mais la variante de l'expérience mettant en scène un complice qui donne la bonne réponse en position 4 permet au participant isolé de résister plus facilement à la pression du groupe. Cela montre bien qu'une minorité est capable de résister sous conditions. C'est la recherche européenne, sous l'impulsion des travaux de Serge Moscovici[77]

77. Moscovici S. (1980 ; 1984).

qui va apporter un éclairage nouveau et redéfinir le processus d'influence sociale.

Selon lui, l'influence n'est pas unilatérale. Elle peut également s'appliquer dans l'autre sens et il va le démontrer dans plusieurs expériences. On parlera alors d'une « influence minoritaire » qui s'exerce cette fois par une minorité de personnes sur l'opinion dominante et majoritaire au sein du groupe.

Mais il s'agit de définir ce qu'on appelle « minorité ». Pour Serge Moscovici, il s'agit d'« une petite fraction ou d'un petit nombre (inférieur à la moitié du total) d'individus qui partagent certaines opinions, certains jugements, certaines valeurs ou certains comportements, lesquels diffèrent toujours de ceux que partage la fraction plus nombreuse de quelque groupe important de référence ». Les minoritaires sont donc quantitativement moins nombreux mais il serait simpliste de penser que l'influence sociale au sein d'un collectif puisse se réduire à un rapport de nombre.

En labo

Serge Moscovici, Élisabeth Lage et Martine Naffrechoux[78] ont mis en place une expérience répliquant les conditions du dispositif de Solomon Asch. La nouveauté est que les complices de l'expérience ne sont positionnés qu'aux deux premières places pour donner une mauvaise réponse tandis que tous les autres sont des participants « naïfs ». Le taux d'erreur est alors plus important que dans la condition où nous n'avions que des « vrais » participants. Deux personnes dans un groupe de 10 peuvent donc suffire à faire douter le collectif et à lui faire prendre une mauvaise décision. Avec cette expérience, on comprend que l'influence peut être bilatérale et ne pas fonctionner uniquement dans le sens des plus nombreux au moins nombreux.

78. Moscovici S., Lage E., Naffrechoux M. (1969).

Mais sur quels ressorts fonctionne cette influence « à l'envers » ? Comment la majorité peut-elle se laisser convaincre par les idées des isolés ? Deux conditions sont essentielles pour que la minorité se fasse entendre.

D'une part, il est nécessaire que cette minorité soit « active », c'est-à-dire qu'elle cherche à s'exprimer, à douter du consensus et à générer du débat. À ce titre, c'est à la fois l'expertise (sous la forme de la connaissance et/ou de la personnalité) et la motivation à défendre une opinion divergente qui seront les clefs de l'enclenchement d'un éventuel processus de « conversion minoritaire[79] ».

D'autre part, cette minorité doit être « nomique », c'est-à-dire dotée ou s'appuyant sur une contre-norme partagée. Si elle est « anomique », c'est-à-dire sans norme ni consensus, elle est vouée à l'échec. Dit autrement, si deux personnes dans un groupe espèrent renverser l'opinion majoritaire, elles doivent partager une opinion ou un choix alternatif de façon cohérente et cohésive. Tout contre-pouvoir doit de fait exprimer une forte cohésion s'il veut se faire entendre. C'est d'ailleurs pour cette raison que les réformistes ne parviennent pas toujours à leurs fins quand ils défendent des opinions ou des options elles-mêmes divergentes.

Dans la vraie vie

Dans leur ouvrage, Jean-Edouard Grésy, Julien Ohana et Ricardo Pérez Nückel[80] nous racontent cette anecdote : « On pourra ainsi développer des stratégies d'influence et des stratégies d'alliances, afin d'augmenter son pouvoir dans l'objectif de satisfaire ses intérêts. C'est bien la capacité du groupe à créer une coalition solide qui fonde sa force et sa puissance, même en l'absence de tout pouvoir individuel. Nous songeons notamment à cette extraordinaire

79. Moscovici S. (1982).
80. Grésy J.-E., Ohana J. et Pérez Nückel R. (2017), p. 82.

alliance réunissant trois mille femmes juives dans la rue des Roses *(Rosenstrasse)*, à Berlin en 1942. Ces dernières manifestaient pour exiger le retour de leurs époux détenus dans des geôles nazies, et lorsque les hommes de Hitler se sont déployés devant elles pour leur intimer de se disperser en les menaçant de mort, les courageuses épouses sont restées solidaires. Cela leur a permis d'exploiter le talon d'Achille des nazis : l'opinion publique. Il ne leur restait donc plus qu'à céder et à libérer les maris. »

L'influence minoritaire fonctionne donc dans un autre registre et sur un fonctionnement différent du conformisme. Alors que l'on se conforme à la puissance majoritaire du groupe qui assoit sa crédibilité sur son nombre, l'influence minoritaire s'appuie sur un processus de persuasion, construit sur les idées, les arguments et le contenu même de la décision. C'est la raison pour laquelle elle peut générer nettement plus d'exactitude dans les décisions prises. Le processus de conversion minoritaire qui conduit tout un groupe à changer d'avis pour aller dans le sens des moins nombreux est toujours le fruit d'une discussion sur le contenu du sujet, d'une confrontation saine entre les arguments, et donc d'un conflit structurel.

Dans la vraie vie

Le film *Douze hommes en colère* (1957) illustre ce phénomène de conversion minoritaire. Inspiré d'une pièce de théâtre qui situe l'histoire dans une salle de délibération d'un procès, le film met en scène Heny Fonda, un juré dissident qui va parvenir à renverser totalement l'issue d'un verdict dans un procès pour meurtre. Nous sommes un vendredi soir, il fait chaud, le procès est enfin terminé et les douze jurés se retrouvent dans la salle de délibération pour rendre leur verdict. Les faits semblent accabler le suspect et le procès s'est déroulé dans le sens d'un consensus tacitement admis validant sa culpabilité. Les onze premiers jurés votent en faveur de la culpabilité à bulletin secret mais le douzième, Henry Fonda, vote le non-lieu.

Stupéfaction dans la salle, qui s'attend à régler le cas en quelques minutes pour partir en week-end. Le dissident subit les foudres des onze autres jurés mais exprime calmement l'idée qu'aucun élément du procès ne représente une preuve formelle sur la culpabilité de l'accusé et que, de fait, le principe de présomption d'innocence doit s'appliquer. Il résiste au groupe. Il défend ses idées. Et il se lance dans un processus de persuasion en accumulant les faits allant dans son sens. Quand le deuxième tour de vote a lieu, toujours de façon confidentielle, un deuxième juré s'est rallié à son opinion. Puis, peu à peu, plusieurs jurés se mettent à douter et à penser qu'en effet, l'accusé ne mérite pas de passer sur la chaise électrique. Plus le groupe minoritaire gonfle, plus il devient crédible et plus il impose une contre-norme qui finit par devenir majoritaire. À l'arrivée, les jurés votent le non-lieu à l'unanimité et l'accusé est relaxé.

Au-delà du fait qu'il s'agisse d'un film à l'américaine où les gentils triomphent à la fin, la mise en scène est remarquable du point de vue du processus de conversion minoritaire. Plusieurs clefs d'explication sont intéressantes : premièrement, le personnage de Henry Fonda est brillant, il se pose en expert qui raisonne, doute, et ne veut pas se ranger à une opinion rapide juste parce qu'elle est consensuellement admise. Deuxièmement, par l'accumulation d'arguments donnant le sentiment aux autres qu'ils sont libres de le suivre ou non, il ne montre aucune volonté explicite de manipuler. Il se montre ainsi persuasif sans être manipulateur. Troisièmement, on découvre au fil du film des arguments et des informations qui étaient passés inaperçus pendant le procès. Les débats portés par Henry Fonda sont donc bien fondés sur le contenu des faits. Les jurés débattent réellement du cas et ne se contentent plus de valider leurs opinions réciproques dans une logique conformiste. Quatrièmement, et c'est très important, les votes se font de façon confidentielle, à bulletin secret. C'est là une clef essentielle de la conversion minoritaire. Il est en effet plus simple de contredire la norme et d'assumer sa posture de déviant quand elle n'est pas affichée publiquement.

La clef du processus repose donc sur son caractère innovant. Le groupe devient innovant sous l'impulsion d'opinions contraires à la norme suiviste et admise. La minorité, si elle est active et portée par une norme partagée, peut se faire entendre. Même si la personnalité des déviants est fondamentale, elle ne suffit pas à expliquer le phénomène. Bien entendu, celui qui est expert par son savoir, son expérience ou sa profession aura plus de chance de convertir le groupe, mais c'est surtout la force des contre-arguments et des débats qui sont ici en jeu.

L'influence minoritaire génère donc nécessairement une situation de conflit structurel. Gabriel Mugny et Juan Pérez[81] la décrivent sous un angle chronologique. Selon eux, l'influence se produit initialement lors de l'émergence de la minorité, quand celle-ci se dévoile à la majorité. C'est une étape essentiellement marquée par une désapprobation, un rejet. Ensuite, de nouvelles idées se mettent en place et se propagent *via* un ensemble de discussions naissantes autour de celles-ci. À ce stade, il est fort probable que le message, à l'extérieur de la minorité, soit refusé. Néanmoins, c'est la séquence dans laquelle l'information se diffuse peu à peu, où elle pénètre, voire oriente le système de croyances et comportemental des cibles d'influence. La dernière phase, décisive de l'influence minoritaire, est l'éventuelle conversion au point de vue marginal.

Enfin, il convient de dire que l'influence minoritaire est aussi le produit de la proportion que représente la minorité vis-à-vis du groupe. Même si une personne isolée peut réussir à inverser les opinions et les choix de tout un collectif, cela reste plus simple si plusieurs personnes incarnent un contre-pouvoir minoritaire. Même si cela fluctue en fonction des contextes et de la taille des groupes, on considère qu'il est nécessaire qu'une minorité

81. Mugny G. et Pérez J. A. (1991).

représente au moins 20 % d'un groupe pour qu'elle devienne une « minorité active » capable de convertir le groupe vers ses opinions. Ce seuil est bien sûr à adapter, notamment en fonction de la taille du groupe, de la personnalité et du pouvoir explicite ou implicite des dissidents.

Dans l'entreprise

Dans un comité de direction de huit personnes, il est par exemple intéressant d'analyser comment ce processus de conversion peut se produire ou non. S'il est unanime avant même le début des débats, le groupe sera conformiste à coup sûr. S'il existe en revanche une personne dans le groupe qui défend une idée contraire à la majorité, il faut regarder de qui il s'agit. Est-ce le CEO ? Auquel cas, ce dernier aura, pour des raisons politiques par exemple, de grandes chances de faire changer d'avis les autres membres du Codir. Si c'est le DRH, ce sera tout de suite plus compliqué car il n'aura pas forcément le pouvoir implicite lui permettant de contrer le groupe, un peu à la manière d'un professeur d'éducation physique qui est le seul à s'opposer au redoublement d'un élève lors d'un conseil de classe. Mais si le DRH est rejoint par le DAF, cela devient plus facile d'enclencher un processus de doute chez les autres et de générer un conflit structurel par les débats qu'ils vont provoquer. Ils sont désormais 25 % à défendre une idée contraire. Il est alors important que le groupe laisse s'exprimer la minorité qui devient peu à peu active et nomique.

Une bonne façon de rendre un groupe innovant est donc de laisser toutes les opinions et options s'exprimer. Il existe un moyen de le faire : si un groupe doit faire face à un dilemme répondant d'un choix stratégique par exemple, il s'agit de pousser le groupe à défendre toutes les idées possibles, mêmes les plus farfelues ou irréalistes, avant de les confronter de façon structurelle.

Dans l'entreprise

Il y a quelques années, une grande entreprise a été confrontée à un choix important concernant le fait de poursuivre ou non la production de PC. Si l'activité commerciale issue des imprimantes et des consommables était satisfaisante, la concurrence était en effet devenue très menaçante sur les PC. Au lieu de faire une réunion dans laquelle les arguments « pour » et « contre » seraient restés mous et consensuels, les décideurs se sont divisés en deux groupes. Le premier avait la tâche de lister tous les arguments en faveur de la poursuite de la production de PC et de préparer une sorte de « plaidoirie de la défense ». Le second devait faire l'exercice inverse avec une démonstration « à charge » pour l'arrêt de la production. Les deux options ont ainsi été placées sur un pied d'égalité, indépendamment du nombre de personnes qui défendaient initialement chaque option. En outre, chaque groupe était poussé à aller le plus loin possible dans ses arguments favorables ou défavorables. Le choix final a été de poursuivre la production mais de façon raisonnée et intelligente.

Enfin, deux dernières remarques : la première est le lien à établir avec les logiques d'inclusion[82] dans les entreprises. À la différence d'un management comptable de la diversité qui œuvre sur la représentation des différences présentes dans un groupe, l'inclusion cherche à donner de l'importance et du crédit aux minorités et aux opinions innovantes qu'elles peuvent incarner. La seconde consiste à ne pas tomber dans le piège inverse qui consisterait à penser que la minorité a nécessairement raison. L'obsession pour l'innovation que nombre d'entreprises expriment aujourd'hui pourrait les conduire à tomber dans une forme de naïveté selon laquelle une opinion nouvelle et divergente doit être suivie sur l'autel de l'innovation et de la créativité. L'important est de faire exister un débat, des échanges et une forme de conflit structurel, à la fois respectueux des opinions diverses et lucide sur les choix à faire.

82. Scharnitzky P. et Stone P. (2018).

Les cinq clefs pour enrayer l'effet négatif du conformisme

- *Composer des collectifs de travail sur la diversité des profils personnologiques* afin de bénéficier d'une bonne dynamique de débats contradictoires. C'est bien ici la diversité des modes de fonctionnement intellectuels et décisionnels qui sont riches, au-delà des profils socio-démographiques. Recruter sur la capacité à innover, à résister à la pression conformiste dans une mesure raisonnable et jouer sur la complémentarité des profils.
- *Décorréler la rareté ou l'originalité d'une opinion de son contenu.* Il est en effet très important d'accorder le même crédit à une idée ou à une logique de pensée, qu'elle soit isolée ou partagée par la majorité des membres d'un collectif. Ne pas laisser une personne s'isoler dans un groupe, donner de la valeur à ses opinions dissidentes, et pousser les autres au débat. Ne pas être ironique, déplaisant ou moqueur avec les atypiques. Être très vigilant concernant les « silencieux ». Ils sont peut-être dans une posture d'autocensure, persuadés que leur opinion minoritaire ne sera pas entendue.
- *Montrer l'exemple par un management permissif,* qui autorise et même génère la contradiction pour sortir d'un confort collectif rassurant et souvent valorisant pour lui. Ne pas utiliser la hiérarchie comme un levier d'influence et, quand c'est possible, faire s'exprimer les opinions de façon confidentielle dans un premier temps pour ne pas imposer la pression majoritaire.
- *Cultiver et nourrir l'entreprise sur de nouveaux modes d'organisation, de management ou de prise de décision* par des conférences de culture générale, imposant une remise en question perpétuelle des modes de fonctionnement habituels. Accompagner,

former, rendre les collaborateurs agiles par des formations, du coaching, des dispositifs de *mentoring* et de *reverse mentoring*.

- *Introduire une dynamique de contradiction dans les débats collectifs*. On peut, par exemple, à tour de rôle, proposer à une personne d'être en désaccord systématique avec les opinions partagées lors des réunions. Son travail consistera à constamment chercher les contre-arguments pour stimuler les débats. Faire travailler les collectifs en petites équipes qui vont au bout des raisonnements de chaque idée proposée et débattue. Utiliser la logique des minorités actives pour faire douter la majorité.

chapitre 7

La soumission à l'autorité. Ou comment le collectif peut obéir aveuglément

La question de la soumission à l'autorité est ancienne en psychologie sociale et a donné lieu à la plus célèbre et controversée des expériences de cette discipline, menée par Stanley Milgram[83] il y a plus de quarante ans. Ce sujet est pourtant longtemps resté totalement tabou dans les entreprises. Il eût été inimaginable de délivrer une conférence sur l'obéissance en entreprise il y a encore cinq ans, alors que la demande est aujourd'hui grandissante. La remise en question de l'autorité hiérarchique et l'absence d'obéissance aveugle sont des sujets que les nouveaux modes d'organisation « à plat » des entreprises ont permis de mettre au-devant de leurs préoccupations. On doit en effet aux nouveaux modes agiles d'organisation la possibilité de réfléchir à ces sujets alors que c'était impensable dans un

83. Milgram S. (1974).

modèle organisationnel pyramidal et très hiérarchisé. Nous n'en sommes donc qu'aux balbutiements de cette réflexion dans le cadre de l'entreprise alors que la psychologie sociale a produit depuis bien longtemps des clefs d'analyse riches et proactives. Ce chapitre se propose de les présenter et d'en tirer des enseignements pragmatiques pour les entreprises, libérées ou non…

C'est Stanley Milgram qui, aux États-Unis, ouvre le feu de cette réflexion à la fin des années 1950. Il est à bonne école, puisqu'il a été l'un des disciples de Solomon Asch et de ses travaux sur le conformisme. Il est important de comprendre le contexte de ses travaux et les sources de sa réflexion. Nous sommes à peine dix ans après la fin de la Seconde Guerre mondiale et encore sous le choc du tsunami nazi à l'échelle de la planète. Les modèles d'analyse psychologique disponibles à ce moment-là pour tenter d'expliquer comment tant de soldats allemands ont pu obéir aveuglément au point d'exterminer plusieurs millions de Juifs sont quasiment tous intrapsychiques. On pense à cette époque qu'il faut être « mentalement déréglé » pour obéir à un ordre dont l'issue est de tuer une personne du fait de ses convictions religieuses. Seule Hannah Arendt ose, au moment du procès d'Adolf Eichmann à Jérusalem, poser une hypothèse horriblement provocatrice en évoquant la « banalité du mal[84] ». Ne pourrait-on pas envisager que les soldats allemands et les officiers à leur tête sont des gens « normaux », pris dans un contexte ultra-violent d'obéissance à un culte totalitaire ? Pourrait-on oser concevoir que la nature humaine « normale » puisse commettre de tels actes dans le seul souci de respecter une autorité perçue comme légitime du fait d'un endoctrinement intellectuel et idéologique ? Cela revient à faire l'hypothèse que l'obéissance est davantage une affaire de contexte que de personnalité. Mais, si c'est le cas, il est nécessaire de comprendre les rouages de cet endoctrinement afin d'éviter que, quelque part sur la planète, une telle machination meurtrière se reproduise.

84. Arendt H. (1963).

C'est exactement le point de départ du raisonnement de Stanley Milgram. À la différence du conformisme, il n'étudie pas la logique des grands nombres sur l'influence sociale mais questionne plutôt la notion du pouvoir. Comment la soumission à un chef, à une idée ou à une doctrine peut amener à peu près n'importe qui à faire n'importe quoi ? Cette posture est à l'époque très provocatrice et Stanley Milgram va en faire les frais avec les premiers résultats de son expérience.

Il s'en remet à la preuve par la démonstration scientifique et met en place dès 1962 sa célèbre expérience sur les chocs électriques à l'université de Yale. L'écueil d'une telle mise en situation en laboratoire est bien entendu qu'elle n'épouse pas les conditions de la vraie vie. Notamment, les soldats allemands obéissaient aussi par peur de la punition, ce qui n'est pas une condition reprise par Stanley Milgram. Il faut donc prendre les résultats de cette étude comme des pistes explicatives partielles du phénomène d'obéissance, mais non moins véridiques.

Dans la vraie vie

Nous obéissons souvent par peur de la punition. L'enfant obéit pour ne pas être « privé de dessert », et l'automobiliste roule à 130 km/h pour ne pas perdre des points sur son permis. Cette obéissance est ancrée dans nos habitus. Même adulte, on nous dit de « manger cinq fruits et légumes par jour », de « laver nos mains après être allé aux toilettes » et la plupart du temps ça marche car cela reproduit une mécanique à laquelle nous sommes habitués depuis tout-petits.

L'obéissance que Stanley Milgram veut étudier est toute autre. Elle concerne en effet une obéissance dissonante mais « libre ». Comment pouvons-nous obéir à une injonction contraire à notre plaisir ou à nos valeurs alors même que nous sommes libres de ne pas le faire ? Cela devient nettement plus riche d'un point de vue psychologique. C'est dans cette perspective qu'il crée les conditions de son expérience sur les chocs électriques.

L'expérience originelle de Stanley Milgram[85]

Avec son équipe, il monte une expérience dont la finalité prétendue est de tester l'effet de la punition sur les capacités d'apprentissage. Un participant doit apprendre quarante couples de mots associant un objet et un qualificatif, par exemple « soleil-brillant ». On va lui lire deux fois les couples de mots qu'il doit mémoriser. Puis, pour tester sa mémoire, on va lui présenter chaque mot un à un en lui associant quatre qualificatifs possibles associés aux chiffres 1, 2, 3 ou 4. Par exemple, on va lui dire : « Soleil : jaune, brillant, chaud, cach. » Le répondant doit annoncer la bonne réponse en appuyant sur le bouton numéro 2.

À chaque bonne réponse, on passe au couple de mots suivant mais à chaque erreur, on lui annonce la bonne réponse et on le sanctionne physiquement pour cet échec. La punition prend la forme d'une décharge électrique de plus en plus forte en fonction du nombre d'erreurs, allant de 15 à 450 volts par seuil de 15 volts.

Face à cet « élève », nous avons un « professeur » qui pilote l'expérience. Il récite les couples de mots au début de l'expérience, énonce les questions, enregistre les réponses mais, surtout, c'est lui qui est chargé d'envoyer la décharge électrique en cas d'erreur. Pour ce faire, il dispose d'un appareil sur lequel on

85. Voir l'excellent film de Michael Almereyda, *Expérimenter*, sorti en 2015, qui propose une reconstitution très juste des expériences réalisées par Stanley Milgram.

retrouve les trente boutons reprenant tous les seuils de décharge allant de 15 à 450 volts. Des mentions explicites sont inscrites sous les boutons : par exemple, « choc faible » sous les curseurs 15 et 30 volts et « choc modéré » sous les curseurs allant de 45 à 120 volts. Surtout, il est écrit « attention, choc dangereux » sous les curseurs compris entre 360 et 420 volts et la mention « XXX » est associée aux deux derniers chocs qu'il peut potentiellement envoyer : 435 et 450 volts. De fait, le professeur a conscience de la dangerosité potentielle de son acte sur l'élève et il ne peut donc pas dire qu'il ne « savait pas ».

Le professeur et l'élève sont donc les deux protagonistes de cette expérience. Stanley Milgram les recrute à l'aide d'une petite annonce publiée dans le journal local, invitant des volontaires à participer à une expérimentation sur la mémoire contre une rétribution de quatre dollars[86].

Deux volontaires se présentent au début de chaque session. On leur explique le principe de l'étude, ils donnent leur accord et sont rémunérés. Dès lors, on tire au sort le rôle que chacun devra jouer, puis on installe l'élève dans une pièce sous les yeux du professeur. On place une électrode sur ses poignets, qu'on sangle ensuite aux accoudoirs de la chaise. Afin de convaincre le professeur de la réalité de la situation, on lui envoie une décharge « test » de 45 volts dans le bras pour qu'il ressente le choc électrique modéré de l'appareil qu'il va lui-même utiliser sur son élève.

Il est très important de noter qu'un responsable de l'expérience (Stanley Milgram lui-même ou l'un de ses collègues) est installé dans la même salle que le professeur pour superviser la bonne marche du protocole. L'expérimentateur est positionné derrière le professeur, de sorte qu'il ne voit pas son visage et que s'il

86. Cette dernière ne suffira pas à expliquer la motivation des participants à obéir. En effet, elle est attribuée d'office, même si le professeur refuse d'administrer un quelconque choc électrique et que l'expérience s'arrête pour ainsi dire immédiatement.

souhaite s'adresser à lui, il doive nécessairement se retourner. Le rôle de l'expérimentateur est bien sûr d'incarner l'autorité mais surtout de pousser le professeur à continuer l'expérience quand celui-ci se trompe et quand il veut arrêter, traversé par des doutes concernant la moralité de l'étude. Il dispose à ce titre de plusieurs relances plus ou moins autoritaires, en fonction du degré de résistance exprimé par le professeur. Ce dernier va donc subir une pression forte à l'obéissance mais celle-ci n'est aucunement punitive : techniquement, le professeur peut donc arrêter l'expérience quand il le souhaite, et quitter la salle avec ses quatre dollars en poche.

Des centaines de participants ont pu passer l'expérience de Stanley Milgram, qui a été déclinée en une vingtaine de variantes sur plusieurs années, ce qui a permis d'affiner la compréhension des conditions d'obéissance. De même, des populations très variées du point de vue socio-démographique ont été observées, en fonction du sexe, de l'âge, du niveau social, de la couleur de la peau ou encore des convictions religieuses.

Présentée ainsi, l'expérience de Stanley Milgram semble contraire à toute règle éthique. En réalité, aucun choc électrique ne circule entre le pupitre du professeur et les poignets de l'élève, mais le professeur ne le sait pas. L'élève est un compère de l'expérience qui joue un rôle et le tirage au sort est truqué. Il répond aux questions selon un scénario établi à l'avance avec toujours le même nombre de bonnes et de mauvaises réponses. En outre, il réagit émotionnellement toujours de la même façon aux chocs électriques reçus. De plus, pour garantir la validité scientifique de l'étude, les réponses et réactions sont pré-enregistrées. L'expérience ne porte donc en aucun cas sur la mémoire mais bien sur la capacité d'un individu quelconque à obéir à un ordre lui dictant de commettre un acte violent.

Les enseignements majeurs de l'étude

Avant que l'expérience ne démarre, Stanley Milgram a soumis le protocole à pronostics auprès de psychiatres et d'étudiants en psychologie. Les prédictions furent étonnamment homogènes. Tous prédirent un refus total d'obéir (c'est-à-dire d'aller jusqu'à 450 volts), un choc moyen envoyé entre 120 et 135 volts et un choc maximum envoyé entre 210 et 300 volts. Dit autrement, il est alors impensable d'imaginer qu'un individu « normal », psychiquement stable et recruté par voie de presse puisse commettre un tel acte.

Et pourtant. À la stupéfaction de tous, 63 % des participants de la première variante de l'étude ont été totalement obéissants, allant jusqu'à la décharge maximale ! Personne n'arrêta le protocole avant 135 volts et le choc moyen fut de 360 volts, ce qui correspond sur le pupitre à la mention « choc extrêmement intense ». Stanley Milgram est lui-même stupéfait. Quand il commence à présenter ses premiers résultats, deux réactions émergent dans la communauté scientifique. La première consiste à contester la crédibilité des chiffres en l'accusant d'avoir soit truqué ses résultats, soit recruté des individus perturbés psychologiquement. La seconde critique porte sur son manque d'éthique. Stanley Milgram va alors se jouer de cette révolte morale. Il raconte dans son livre « Soumission à l'autorité »[87] comment, lors de certains colloques, il annonce de faux résultats avec un taux d'obéissance très faible. Bien sûr, plus de remise en question des chiffres, mais bizarrement, plus de contestation non plus sur l'éthique du dispositif ! Stanley Milgram s'amuse de cette hypocrisie déontologique. Si l'expérience est contraire aux règles éthiques, elle doit être condamnée sur son principe et non en fonction

87. Milgram S. (1974).

des résultats obtenus ! Ou alors cela signifierait que ce n'est pas honteux si seulement 10 % des participants obéissent alors que ça l'est avec 63 % d'obéissance ?

En labo

Trois remarques sont alors faites pour contester les résultats de Stanley Milgram. On lui explique d'une part que l'obéissance est forte parce qu'il s'agit d'une expérience en laboratoire qui ne correspond pas à la réalité du quotidien. Argument qui ne tient pas puisqu'une réplique réalisée en 1966[88] a montré un taux d'obéissance de 90 % chez une population d'infirmières auxquelles on avait demandé, dans un vrai hôpital, d'administrer des doses mortelles d'antidouleurs à des patients.

D'autre part, on avance l'idée que les Américains n'ont pas été exposés directement dans leur quotidien aux ravages de la Seconde Guerre mondiale. L'argument n'est pas plus convaincant puisque huit répliques réalisées en Europe entre 1968 et 1985 ont mis en évidence des taux d'obéissance compris entre 50 % et 88 % selon les protocoles et les pays.

Enfin, on essaye de justifier que l'obéissance est liée aux normes éducatives de l'époque, rigides et punitives. C'est sans doute l'argument le plus pertinent, sauf qu'une réplique réalisée aux États-Unis en 2006 a mis en évidence un taux d'obéissance de 70 % et surtout, une réplique de 2013 en Pologne reprenant à l'identique le protocole a montré un taux d'obéissance de presque 90 %.

Comment expliquer la puissance et la stabilité de ces résultats ? Comme Stanley Milgram trouve des résultats stables quelles que soient les populations, il en déduit que l'obéissance est nettement plus un effet du contexte qu'une question de personnalité. Bien sûr, il ne s'agit pas de nier l'effet de la personnalité, et notamment de la confiance en soi, pour affronter l'autorité. De

88. Hofling C. K. *et al.* (1966).

fait, certains participants parviennent à mettre fin relativement tôt au protocole.

En labo

À 150 volts, l'élève simule une forte souffrance et demande au professeur d'arrêter l'expérience car son cœur le fait prétendument souffrir. À ce moment précis, sept participants sur les quarante de l'expérience originelle arrêtent, soit environ 17 %. Il est donc possible de résister et de dire « stop ». Dans les extraits vidéo que l'on trouve sur Internet, on voit un participant affronter clairement l'autorité de l'expérimentateur et lui dire qu'il arrête net dès que l'élève lui demande. Et quand l'expérimentateur lui dit : « Vous n'avez pas le choix, vous devez continuer », il répond sans hésiter « Mais si, j'ai le choix ! J'arrête et vous pouvez garder vos quatre dollars si vous voulez ! »

Mais ils sont peu nombreux à se rebeller. La majorité accepte, obéit et commet un acte potentiellement criminel. Et cela n'a pas grand-chose à voir avec l'intelligence ou le niveau d'éducation.

Dans l'entreprise

Il m'est arrivé d'organiser un petit déjeuner avec mes clients sur ce thème. Nous étions à l'époque installés au cinquième étage d'un immeuble qui en comptait sept. Avant l'arrivée des vingt personnes qui avaient accepté l'invitation, j'ai collé une affiche dans l'ascenseur avec l'injonction suivante : « Pour le petit déjeuner sur l'autorité, appuyez sur le bouton 6 et descendez un étage à pied. » Pas un seul ne m'a demandé pourquoi on leur avait donné une telle consigne et les deux tiers l'ont fait sans même se poser de question ! Encore mieux, une invitée, qui se reconnaîtra peut-être dans ces lignes, nous a expliqué qu'étant déjà venue dans l'immeuble, elle a appuyé sur le bouton 5 avant de voir l'écriteau. Arrivée au cinquième, elle n'a même pas essayé de pousser la porte. Elle a appuyé sur le bouton 6, puis a descendu l'étage à pied, sans même me demander pourquoi !

Les invités de ce petit déjeuner étaient pourtant toutes et tous des personnes responsables, diplômées, bien éduquées et occupant des fonctions importantes dans leurs entreprises respectives…

Le contexte d'un « état agentique »

Si ce n'est pas une affaire de personnalité, comment expliquer ces résultats ? Stanley Milgram avance l'idée que le participant n'est plus lui-même car le contexte le met dans un état agentique, c'est-à-dire qu'il devient l'agent d'exécution d'une autorité qui le dépasse et qui décide à sa place. Ainsi, le sujet est conduit à faire tout ce qu'on lui dit, ayant le sentiment qu'il ne s'agit pas de lui. Mais alors, quels sont les éléments constituants de cette posture agentique qui peut amener presque n'importe qui à obéir ?

La légitimité de l'autorité

Les participants de l'expérience de Stanley Milgram sont fortement conditionnés à accorder le plus grand crédit à la démarche et aux responsables de l'étude. Issus de la prestigieuse université de Yale, les expérimentateurs se présentent solennellement, ils sont bardés de diplômes, portent des blouses et font visiter aux participants le laboratoire de recherche, incarnation du sérieux et de l'approche scientifique du protocole. Toutes les conditions sont réunies pour convaincre les participants que les garants du cadre sont des sachants qui contrôlent la situation et qui sont dignes de confiance.

En labo

Stanley Milgram le démontre avec trois variantes de l'expérience. Dans la première, c'est un « individu ordinaire » et non un scientifique qui pilote la passation de l'expérience. Le taux d'obéissance tombe à 20 % : il est donc divisé par trois dès lors que l'ordre émane d'une autorité perçue comme non légitime. Dans une seconde variante, l'expérimentateur s'absente carrément de la salle, prétextant une urgence. Dès que le professeur se retrouve seul face à l'élève, il échappe à l'autorité et le taux d'obéissance tombe également à environ 20 %. On peut donc déduire que l'absence de l'autorité laisse libre cours à la désobéissance. Enfin, dans une troisième variante, l'expérience respecte rigoureusement le même protocole mais se situe dans un immeuble quelconque et non dans le cadre de la prestigieuse université de Yale. Le simple fait de sortir du cadre scientifique de l'université fait osciller le taux d'obéissance à 47 %. L'effet réducteur est plus faible mais montre que même le cadre physique, la logistique, peuvent incarner la légitimité d'une autorité.

Comment peut-on transposer les enseignements de ce résultat au contexte de l'entreprise ? Un chef non crédible, un CEO trop peu charismatique ou hésitant sur la stratégie de l'entreprise, une confiance trop faible dans les perspectives de réussite ou dans les valeurs sont autant de facteurs qui peuvent nuire à la légitimité de l'autorité. À l'inverse, on voit comment les organisations pyramidales s'appuient sur cette légitimité de l'autorité pour générer de l'obéissance. Quand on est reçu dans le bureau luxueux et confortable d'un grand patron imposant et reconnu, comment résister à son autorité (surtout si ses diplômes sont affichés au mur) ? Comment imaginer qu'on puisse le contredire ? La distance hiérarchique qui est installée, volontairement ou non, entre les instances de direction et les salariés sont des facteurs de soumission aveugle et d'obéissance pas plus raisonnée. Les nouvelles pratiques managériales autour de l'intelligence collective se destinent d'ailleurs à briser ce rapport sclérosant pour la capacité à contredire l'autorité. On mélange différents niveaux hiérarchiques dans les mêmes open spaces et on tutoie le chef afin de casser les barrières du pouvoir.

Le but de ce chapitre n'est pas de comprendre les clefs d'une obéissance plus aveugle, mais au contraire de mettre en garde les entreprises contre des abus de pouvoir et d'autorité sur les erreurs de décision. Les managers et les dirigeants doivent comprendre les dangers d'une trop grande légitimité de leur pouvoir : ils méritent les places qu'ils occupent mais doivent rester humbles afin de ne pas être « totemisés ». Ne pas hésiter à montrer ses faiblesses, afficher les erreurs qu'ils peuvent commettre, se mettre à la portée de tous et se rendre accessibles. C'est l'humanité et l'humilité des dirigeants qui autorise chacun à réfléchir, à contester, et à développer des opinions alternatives.

Dans l'entreprise

Il suffit d'assister une fois à la réunion d'un comité exécutif pour observer de façon palpable comment la soumission au chef, y compris au plus haut niveau de l'entreprise, peut bloquer les débats dans un groupe par une très forte obéissance implicite. Si le CEO ne crée pas de liens humains et détendus, tout le monde est aux aguets de ce qu'il va dire ou penser. C'est le fait du prince qui va conditionner la conduite de la réunion et des débats. Il rit et tout le monde rigole, il manifeste du mécontentement et tout le monde s'agace, il avance une idée et c'est tout le groupe qui la valide de façon unanime. Le rôle du CEO est alors de descendre de son piédestal et, surtout, de ne jamais parler en premier ! Il reste silencieux et flou sur son opinion et ne l'exprime qu'après les autres sans quoi il crée, à lui tout seul, une norme qui s'abat comme une chape de plomb sur tout le collectif.

La cohésion de l'autorité

Avec cette variable, Stanley Milgram veut montrer que l'obéissance des officiers allemands repose sur l'incarnation de l'autorité par un

Adolf Hitler, véritable machine à diffuser un ordre nouveau, de façon totalitaire et dogmatique. Pas de débats ni de controverses au sein du pouvoir allemand de l'époque. Le chef est le seul à penser, à décider et à ordonner. De fait, l'autorité est au summum de sa cohésion puisqu'elle est non partagée !

Stanley Milgram démontre que si les participants sont face à une autorité non cohésive, ils vont s'engouffrer dans cette faille pour la remettre en question et désobéir. C'est ce que font naturellement les enfants quand ils mettent leurs parents en opposition sur une décision à prendre. Et ça marche !

En labo

Dans une variante de l'expérience, deux expérimentateurs sont présents dès le début du protocole. À 150 volts, l'élève simule une douleur telle qu'il demande au professeur d'arrêter. Il se retourne alors vers les deux expérimentateurs pour savoir que faire. Et là, les deux experts scientifiques se contredisent publiquement. L'un considère qu'il faut continuer tandis que l'autre conseille d'arrêter au regard de la demande exprimée par l'élève. Le ton monte légèrement devant le professeur, spectateur du conflit. Celui qui pousse pour que l'expérience continue demande à l'autre de sortir de la pièce et reprend, seul, le pilotage de l'expérience. Il présente ses excuses au professeur pour ce « moment d'égarement » et lui demande de poursuivre l'expérience. À cette seconde précise, 95 % des participants refusent immédiatement d'obéir.

L'autorité ne résiste donc pas à la moindre faille qui discrédite sa légitimité. Le professeur est pris dans un conflit entre obéir à un ordre cohésif et légitime d'un côté et attribuer un choc électrique à un inconnu de l'autre. Il est comme coincé dans un tube entre l'autorité qui le pousse à avancer et l'élève qui joue sur sa conscience morale pour le faire reculer. À l'instant où la cohésion de l'autorité se fissure, une brèche s'ouvre dans le tube et le professeur s'en extrait.

Pris de façon constructive pour l'entreprise, comment utiliser ce résultat pour un management moins autoritaire ? Il est indispensable d'incarner l'autorité par une équipe de direction dans laquelle il existe des débats et parfois des désaccords. Les orientations et les stratégies doivent être claires et légitimes mais faire l'objet de débats réels laissant exister la controverse. Et il est parfois bon de communiquer sur les désaccords ou les conflits structurels qui entourent une décision. Cela montre que la cohésion de l'autorité est bien réelle mais le fruit de compromis entre des opinions qui ne sont pas toujours convergentes.

Dans la vraie vie

L'incarnation la plus flagrante de l'effet de la cohésion de l'autorité sur la propension à obéir se retrouve en politique. On peut observer ce phénomène entre le charisme du chef et la popularité du parti politique qu'il représente. C'est l'effet François Mitterrand dans les années 1980, ou plus récemment avec le pouvoir que Nicolas Sarkozy avait sur son parti quand sa notoriété était à son paroxysme. Les partis politiques sont puissants quand ils sont fortement incarnés par des leaders incontestés derrière lesquels tout le monde s'aligne. Et dès que les débats internes à un parti émergent parce que le chef s'en va ou se décrédibilise, sa popularité s'effondre. Le Parti socialiste ne s'est toujours pas remis de la mort de François Mitterrand au même titre que la droite traditionnelle n'a pas encore retrouvé sa crédibilité depuis la défaite de Nicolas Sarkozy en 2012. Et les écologistes ne constitueront pas une force électorale crédible en France tant qu'ils n'auront pas trouvé un leader charismatique qui réunisse tous ses partisans.

La déresponsabilisation de l'agent obéissant

La troisième variable identifiée par Stanley Milgram comme ayant un effet fort sur l'autorité repose sur la façon dont la responsabilité de l'acte est attribuée ou partagée. En état agentique, les professeurs deviennent les simples exécutants d'une autorité qui endosse toute la responsabilité de leurs actes. Quand ils sont sur le point d'arrêter, l'ultime relance de l'expérimentateur est cruciale : « Je prends l'entière responsabilité des conséquences de cette expérience. » Alors, les professeurs se retournent vers le pupitre et administrent le choc électrique suivant. Déresponsabilisé, chacun d'entre nous est capable d'agir en opposition à ses valeurs et sans culpabiliser des potentielles conséquences de nos actes.

Comment cela s'incarne-t-il en entreprise ? On a vu que la paresse sociale est en partie le produit d'une dilution de la responsabilité des échecs dans la masse des grands nombres. Ici, il s'agit plutôt d'une déresponsabilisation des actes en se référant aux strates supérieures qui, elles, prennent les décisions. Mais alors, comment font les ultimes décisionnaires pour justifier par exemple un plan social qui met au chômage des centaines de personnes, les laissant en proie à la détresse après des années de service et un crédit immobilier qu'ils ne pourront pas honorer ? Eh bien, ils font exactement la même chose ! Ils se déresponsabilisent en se référant aux fluctuations du marché, à l'internationalisation, au dérèglement d'un capitalisme devenu fou. On comprend comment toutes les strates d'une entreprise font porter la responsabilité des décisions impopulaires à celles du dessus qui, elles, s'en remettent à des causes exogènes qui les déculpabilisent. À l'arrivée, personne n'est jamais responsable du pire.

Alors comment agir sur ce biais décisionnel ? Il faut responsabiliser et autonomiser. Il est important que chacun puisse mesurer la conséquence de ses actes mais sans forcément être puni pour les erreurs commises. Pour ce faire, il faut délimiter le périmètre d'action de chacun, savoir à qui se référer sur tel ou tel dossier, être en mesure d'identifier les responsabilités et partager autant les échecs que les succès. Si un ordre contraire à notre opinion ou à nos valeurs n'induit aucune forme de responsabilité, nous n'avons aucune raison de désobéir. C'est l'impunité qui pousse à la prise de risques inconsidérés. Les accidents sur les marchés financiers sont les témoins d'une causalité tellement multidimensionnelle qu'il est quasiment impossible de savoir à qui incombe la faute ! Et, de fait, des décisions immorales, voire pénalisantes, peuvent être prises. Là encore, l'exemplarité est de mise. Comment imaginer respecter les règles si les déviances sont noyées dans un ensemble opaque et si elles sont non identifiables et impunies ?

L'unicité de l'acte

Cette variable est née de l'observation que Stanley Milgram fait de l'organisation des camps de concentration. Les tâches étaient tellement morcelées à l'extrême que le rôle de chacun était rendu minime. Ainsi, chaque soldat était le maillon d'une chaîne de causalité morbide au bout de laquelle on plaçait bien sûr les plus endoctrinés et sanguinaires. Mais comment le mécanicien des locomotives qui transportait les futures victimes de la Shoah pouvait-il se sentir personnellement responsable de leur sort ? Il n'était qu'un mécanicien occupant un rôle minuscule dans l'immense rouage de la Solution finale. Il est bien sûr co-responsable, mais le morcellement des tâches lui permettait de s'en défendre.

En labo

Stanley Milgram teste l'unicité de l'acte avec deux variantes du protocole initial. Dans une condition qu'il appelle « contact visuel », l'élève est dans la même pièce que le professeur. Autrement dit, à chaque décharge électrique envoyée, le professeur assiste au spectacle morbide de sa souffrance. Dès lors, le taux d'obéissance tombe à 30 %. Enfin, dans une dernière variante où l'acte est rendu encore plus unique, à 150 volts l'élève fait semblant d'avoir tellement mal qu'il arrache l'électrode de l'un de ses bras. L'expérimentateur intime alors le professeur de rebrancher l'électrode, lui imposant donc un contact physique avec la victime. Et le taux d'obéissance des participants chute à 20 %.

En psychologie, un « acte unique » réunit de façon directe l'acte et ses conséquences. Si l'on met une claque à un enfant, il pleure immédiatement. C'est donc un acte unique. En revanche, si nous commettons un acte dont les conséquences se produisent après plusieurs effets rebonds consécutifs, nous ne sommes potentiellement ni conscients ni coupables du résultat obtenu.

Dans l'entreprise

Difficile pour le patron d'une PME de faire un plan social tant il connaît chacun des salariés, leur quotidien familial et leur situation personnelle au point qu'il mesure parfaitement l'effet que le licenciement aura sur eux et, par effet rebond, sur leurs familles. L'acte est ici terriblement unique. Alors, on peut faire intervenir un cabinet extérieur et un consultant qui appliquent, à la lettre, une logique rationnelle pour optimiser le plan social. Ils ne mesureront que de façon théorique l'effet de leurs décisions car leur acte n'est pas unique. Il y a alors une déconnexion entre les décisions prises et leurs conséquences.

Ce chapitre consacré aux travaux de Stanley Milgram sur la soumission à l'autorité permet de comprendre comment, dans un collectif, les abus de pouvoir peuvent conduire à des impasses décisionnelles. À chaque niveau de l'entreprise, du comité exécutif à l'équipe d'atelier, les chefs disposent d'un fort pouvoir pour se faire obéir. Ce dernier peut être confortable pour eux mais n'en demeure pas moins terriblement risqué car cette obéissance peut aveugler et circonscrire la réflexion dans des schémas implicitement imposés. Comme pour le conformisme, qui s'applique dans une situation où les grands nombres dictent leur loi, c'est ici le pouvoir des dominants qui est en jeu quand il est utilisé de façon abusive. Pour survivre, l'entreprise doit repenser son rapport aux normes, à la règle et à l'autorité.

En labo

Les jeunes diplômés qui arrivent aujourd'hui dans les entreprises ont été élevés avec des normes éducatives moins rigides et dogmatiques que leurs parents. Ce n'est évidemment pas vrai pour tous mais l'étude que j'ai menée sur les générations en 2015[89] avec Inès Dauvergne le montre de façon univoque. Dans les verbatim, les Y disent qu'ils refusent d'obéir aveuglément, ils veulent qu'on leur explique et que les chefs justifient toutes leurs demandes ! Sinon, ils demandent : « Pourquoi ? » Et si, par malheur, on leur répond : « Parce qu'on a toujours fait comme ça », ils partent se vendre dans des environnements plus flexibles. Mais cela ne se limite pas aux plus jeunes. Nous sommes tous en quête de sens concernant les consignes qu'on nous impose ou les process à respecter.

Les temps changent et les entreprises doivent s'adapter. Il ne s'agit pas de laisser s'installer le tout-libertaire mais de poser le principe d'une autorité intelligente, cohésive mais débattue, légitime mais humble, responsable mais qui rend autonome.

Les cinq clefs pour installer une autorité intelligente

- *Trouver un équilibre entre légitimité et « totémisation » de l'autorité.* Le manager ou le chef d'équipe doit être légitime en justifiant les orientations ou les consignes. Dans le même temps, il doit accepter ses erreurs ou ses hésitations pour ne pas générer une adhésion aveugle, souvent alimentée par ses diplômes, son parcours ou ses succès antérieurs. Enfin, il ne parle pas en premier et ne donne son avis qu'à la fin des

89. IMS Entreprendre pour la Cité (2015).

débats afin de ne pas orienter la réponse collective dans le sens de sa propre opinion.

- *L'autorité doit responsabiliser, savoir déléguer et faire confiance.* C'est en sortant les « exécutants » d'une posture agentique qu'on les rend lucides et vigilants face à des consignes absurdes ou contre-productives. C'est aussi de cette façon qu'on génère de l'innovation par la remise en question de pratiques uniquement installées par les habitudes. Cela passe aussi par un « droit à l'erreur » pour tous, permettant l'innovation et la prise de risques.
- *Manager en mode projet* afin de casser la logique pyramidale des prises de décision. Installer un mode décisionnel plus participatif sur des projets ponctuels, ce qui est plus facile qu'à l'échelle globale de l'entreprise et cela incite les acteurs de l'entreprise à réfléchir par eux-mêmes, à entreprendre. C'est le mode de fonctionnement des organisations agiles et c'est aussi la tendance actuelle au développement de l'intrapreneuriat. Dans ce mode d'organisation, pas de chef, juste un pilote du collectif qui doit changer à chaque projet et qui n'est pas forcément celui ou celle qui manage habituellement.
- *Trouver un équilibre entre cohésion et conformisme.* L'autorité doit afficher une cohésion entre les membres qui l'incarnent et de façon verticale entre les consignes descendantes et les modalités d'application, sous peine de perdre en crédibilité. Mais, dans le même temps, cette autorité doit rendre publics ses débats internes et ses zones de désaccord, sous peine de donner l'illusion que la contradiction est impossible.
- *Rendre le pouvoir humain et équitable* en limitant les privilèges symboliques auxquels il est habitué. Cela passe par le confort différent de certains bureaux, les zones à la cantine, les avantages en nature pour une poignée d'élus favorisés. Gommer les différences de statut, en évitant de rappeler sans cesse les niveaux hiérarchiques, les diplômes obtenus et la notoriété des chefs.

chapitre 8

Le pouvoir des statuts et des rôles.

Ou comment le collectif est biaisé par des rôles et des enjeux de pouvoir

Les travaux de Stanley Milgram nous montrent comment le pouvoir dans un collectif peut amener un chef ou une poignée de dirigeants à imposer des normes générant des dérives d'obéissance aveugle. Mais il ne s'agit ici que du pouvoir explicite, officiel et réglementaire. Or, il existe dans l'entreprise une multitude de façons d'exercer un pouvoir sur les autres, dictées par des rôles sociaux dans lesquels les salariés s'enferment ou prennent plaisir à être assimilés.

Dans la vraie vie

Le physionomiste à l'entrée d'une discothèque a un pouvoir considérable car il décide qui a le privilège de rentrer dans cet établissement si prisé. Et pourtant, il n'est pas dirigeant et ne touche pas un salaire légitimant un pouvoir statutaire fort. Il en va de même pour l'assistant de direction qui gère le planning du patron, pour l'informaticien que nous ménageons car lui seul peut nous débloquer face à un problème technique. Et que dire du concierge de notre immeuble ? Il est souvent tout-puissant pour nous donner telle ou telle autorisation ou pour trouver des solutions à nos petits tracas quotidiens.

Tous les pouvoirs implicites proviennent des rôles sociaux que nous jouons dans l'entreprise, eux-mêmes découlant du statut que nous occupons. Mais ils peuvent fortement biaiser les relations professionnelles et nuire à l'efficacité et à la justesse des décisions au sein d'un groupe. Ce chapitre propose d'explorer ces biais collectifs souvent impalpables mais non moins réels.

Des statuts qui confèrent des rôles

Le statut

Il correspond au rang socialement conféré par le groupe social à une personne et conditionne les rôles attendus mais aussi les droits et les devoirs. L'entreprise est un écosystème large, nécessairement organisé autour de positions statutaires officielles. Chaque salarié a un grade, une nomination de poste, qui déterminent souvent son salaire et sa grille d'évolution. Plus l'entreprise est pyramidale, plus il existe de strates, de fonctions et de statuts différents. À chaque niveau, on retrouve des directions, des sous-directions et des salariés. On va jusqu'à chiffrer ces niveaux pour s'y retrouver, de sorte que chacun sait où il se trouve. Ces statuts déterminent des codes de fonctionnement qui, on l'a vu dans le chapitre sur la normalisation, sont indispensables pour la bonne marche de l'entreprise. Mais ils permettent aussi de réguler le contenu et la forme de toute communication. Sur la base du statut de chacun, on sait, par exemple, qui doit participer à chaque réunion et qui on peut tutoyer. D'ailleurs, pris dans l'autre sens, on déduit souvent de façon implicite comment des événements donnent du crédit à telle ou telle personne en fonction de son statut. Imaginons que le CEO convoque une réunion extraordinaire de crise, on comprendra sa considération à l'égard des ressources humaines si le DRH n'y est pas invité. On pourra même en conclure, à tort ou à raison, que ses jours sont comptés !

Dans l'entreprise

Nous interprétons assez vite un décalage entre un statut officiel et le pouvoir implicite qui lui est accordé. La « souffrance » souvent exprimée par la fonction RH en est le témoin. Le DRH occupe normalement un statut très important car il dirige une branche complète et autonome de l'entreprise, mais il n'est que depuis peu membre du Comex, il touche un salaire moins important que le DAF par exemple, son budget est le premier à être réduit en cas de crise, et ses préconisations comme ses demandes sont parfois mises de côté au regard d'injonctions économiques prioritaires. Il a donc un pouvoir inférieur au statut qu'on lui confère, ce qui peut créer une forme de mal-être, des conflits et des stéréotypes négatifs à son égard ou envers la fonction RH toute entière. On observe le même phénomène avec les « responsables Diversité » dans les grands groupes. Dotée de statuts récents, répondant parfois à des raisons purement politiques, cette fonction est coincée entre les managers et leurs impératifs de productivité, les RH qui ont le sentiment qu'on leur retire du pouvoir ou encore les partenaires sociaux et les instances telles que le CHSCT. Un statut donc prestigieux de prime abord, car transversal et très exposé médiatiquement, mais dans les faits assez douloureux car doté d'un pouvoir réel qui n'est pas en adéquation avec le périmètre officiel des responsabilités attribuées. Le résultat est que les responsables Diversité ne tiennent pas longtemps à leur poste, ils sont difficiles à recaser et il est parfois compliqué de trouver en interne des candidats pour leur succéder[90].

Les rôles

Ils composent l'ensemble des comportements attendus d'une personne qui occupe un statut donné dans un contexte social précis. Les rôles découlent donc naturellement du statut occupé. Cela concerne un périmètre opératoire assez facile à circonscrire dans lequel on retrouve les responsabilités, les réunions auxquelles assister, les décisions attendues, les consignes à donner aux personnes managées, etc. Mais les rôles concernent aussi tous les codes et normes implicites tels que la tenue vestimentaire par exemple. On pourra tolérer un tenue « décontractée » de la part d'un salarié alors qu'on imposera, implicitement, le costume cravate au cadre. En fonction des rôles que nous remplissons, un certain nombre de comportements codifiés associés sont attendus. Le dirigeant, par exemple, doit remplir des rôles très variés du fait de sa posture. Il est donc amené à participer à des réunions ou à des événements très différents, composés de personnes elles-mêmes variées du point de vue du statut ou encore du niveau d'éducation. Il doit donc adapter son rôle à la situation, par exemple concernant le style langagier.

Les rôles sociaux sont donc définis à la fois par un contexte et par le statut officiel que nous occupons dans ce contexte. Mais ils sont aussi et surtout conditionnés par l'intersubjectivité des relations sociales. On comprend avec les exemples donnés que

90. Béreni L. et Prud'homme D. (2017).

les rôles sont aussi les produits des attentes des personnes avec lesquelles nous interagissons.

Dans la vraie vie

Les enfants ont des attentes parfois inconscientes, mais non moins nécessaires, qui conditionnent le rôle des parents. Les modèles éducatifs actuels, qui interprètent souvent mal les nouvelles approches de la psychologie de l'enfant, prônent le tout-libertaire et la possibilité de tout le temps leur laisser le choix. Or, l'enfant est souvent pollué par cette latitude décisionnelle trop importante, qu'il ne demande parfois même pas. Surtout, il a besoin de cadre, qu'on lui dise ce qu'il doit faire ou ce qui est bien pour lui. Il attend en somme de ses parents qu'ils remplissent pleinement leur rôle !

Ce rôle est donc bel et bien le produit des attentes des autres. Le chef qui ne sait pas trancher entre deux choix et qui, sur l'autel de la concertation, laisse les conflits fleurir dans son équipe, ne remplit pas son rôle. Il peut vite perdre en crédibilité car on fera le constat qu'il ne respecte pas le cahier des charges dicté par son statut. Ainsi, les rôles laissent une grande place aux interprétations de chacun, y compris pour celui qui l'occupe. Dans l'entreprise, nous connaissons toutes et tous des personnes qui outrepassent leur statut par manque de clarté dans l'organisation, à cause d'un penchant naturel pour l'autoritarisme ou encore pour compenser un statut perçu comme trop faible.

Mais que se passe-t-il quand on doit faire face à des attentes contradictoires ? C'est le quotidien des managers de proximité qui sont sans cesse pris en conflit entre les attentes de la direction et celles des membres de leur équipe.

Dans l'entreprise

Le chef d'atelier reçoit des consignes de productivité et met en place des conditions de travail permettant d'atteindre ces objectifs. Mais, dans le même temps, les ouvriers sont demandeurs de meilleures conditions de travail : sur les cadences, les pauses ou encore la température dans l'atelier. Si ces conditions ne sont pas satisfaites, elles peuvent avoir un effet négatif sur le rendement. Le chef d'atelier est donc pris dans des attentes contradictoires sur le rôle qu'il doit remplir. On comprend ici que la problématique de toutes les organisations est de déterminer des rôles équilibrés qui peuvent satisfaire les attentes de tous et garantir à chacun un équilibre satisfaisant et non dissonant.

La question des rôles sociaux est donc essentielle quand on réfléchit à la bonne coopération dans les collectifs. Des statuts mal définis et des rôles sujets à une mauvaise lecture peuvent générer des dysfonctionnements, des conflits et une efficacité réduite des collectifs.

Dans l'entreprise

On trouve une bonne illustration de ces dysfonctionnements avec le phénomène de la « promotion par la médiocrité ». En entreprise, et encore plus dans la fonction publique, on peut se retrouver à promouvoir une personne précisément parce qu'elle est incompétente dans le rôle qu'on lui demande d'exercer. Pour s'en débarrasser, on la promeut afin de dépolluer le collectif de cette personne toxique qui, par exemple, exerce un rôle qui n'est pas en adéquation avec son statut. Mais quel paradoxe et quels dégâts pour l'organisation !

Rôle social et identité : le danger de la dissonance cognitive

Le bon équilibre psychique réside dans une forme d'adéquation entre la personnalité et les comportements que nous adoptons dans tout contexte. Il est basiquement plus facile d'être un bon commercial quand on est d'un naturel extraverti. Mais, de fait, que peut-il se passer quand le rôle attendu par le statut occupé est très déconnecté de la personnalité ?

Nous sommes en situation de dissonance cognitive[91] quand nous constatons un décalage entre nos valeurs et nos propos et/ou entre nos propos et nos actes. L'équilibre se joue à trois niveaux entre ce que nous pensons, disons et faisons. N'accorder aucune valeur à la non-discrimination alors que nous devons tenir un discours contraire pour des raisons politiques ou stratégiques peut créer un grand état de dissonance. De la même façon, prôner l'importance de l'écologie et ne pas trier ses déchets au quotidien provoque potentiellement une dissonance forte. Alors comment retrouver un équilibre et aligner ces trois niveaux de fonctionnement ? Trois possibilités s'offrent à nous.

- On change nos opinions et on admet le fait que l'on n'est pas si écologiste que cela. Choix difficile car c'est une position « anti-sociale » qui nous renvoie une mauvaise image de nous et qui remet en question notre système de pensée ;
- On change nos propos ou nos actes pour les aligner sur nos valeurs. Mais il est parfois compliqué de changer nos habitudes et, surtout, nous n'en avons pas forcément la liberté. En entreprise, par exemple, nous agissons sur des injonctions extérieures et il peut être impossible d'aller contre.

91. Festinger L. (1957).

- La dernière option, que nous utilisons au quotidien, correspond à ce que les théoriciens appellent une « rationalisation en actes ». Cela revient à réinterpréter nos actes ou nos paroles pour les rendre cohérents avec nos valeurs ou opinions. Ainsi, nous ne changeons rien mais rétablissons de façon illusoire un équilibre entre les trois niveaux du bien-être. On continue à ne pas recycler ses piles mais on considère que ce n'est rien à côté de la pollution industrielle des Chinois !

Dans l'entreprise

La posture dissonante d'un dirigeant sur un sujet stratégique ou politique peut faire des dégâts sur la crédibilité de sa démarche. Il m'est souvent arrivé, en ouverture d'une conférence sur la diversité, qu'un « mot d'introduction » soit prononcé par le CEO ou par le DRH. Il dit à quel point ce sujet lui tient à cœur (en racontant d'ailleurs souvent une anecdote personnelle) et envoie un message fort à l'assemblée. Tout va bien jusqu'à ce qu'il s'esquive discrètement de la salle cinq minutes après le début de la conférence ! Quel message envoie-t-il ? La diversité, c'est important comme il le DIT, ou ça ne l'est pas tant que ça au regard de ce qu'il FAIT en partant immédiatement ?

Pour le bon fonctionnement des collectifs, l'entreprise doit prendre garde à bien aligner ces trois niveaux chez les salariés. Ont-ils une personnalité en adéquation avec le rôle qu'on leur demande ? Sont-ils en mesure de défendre des idées conformes à leurs valeurs et opinions ? Enfin, ont-ils les moyens d'agir en adéquation avec leurs idées et leurs propos ? Ces questions commencent par trouver une réponse avec les compétences recherchées dans le recrutement. Quand on établit le profil d'un poste, il faut lister toutes les compétences attendues, des plus mesurables au plus impalpables concernant les modalités de fonctionnement de l'équipe ou du process de prise de décision. Un ingénieur brillant que l'on débauche d'une organisation très pyramidale et hiérarchisée ne fera pas forcément l'affaire dans une entreprise à plat, où il doit faire preuve d'une plus grande capacité d'autonomie. Et que dire des opérationnels qu'on propulse managers sur la base de leurs compétences techniques alors qu'ils devront, 80 % du temps, utiliser des compétences humaines et une aptitude aux relations sociales ?

Un certain goût pour le pouvoir facilité par la dépersonnalisation

On vient de le voir, le rôle social que nous devons parfois jouer peut nous pousser à agir de façon dissonante, en commettant des actes non valorisés. Refuser une augmentation, ne pas concrétiser une période d'essai, refuser un projet d'intrapreneuriat sont des décisions parfois difficiles à prendre car elles peuvent provoquer une forte dissonance. La solution peut être de se cacher derrière son rôle dépersonnalisant en adoptant un masque protecteur et déresponsabilisant comme Stanley Milgram a pu, à sa façon, le démontrer. Ainsi, les relations sociales peuvent se tendre et se crisper si, face à un manager sourd, on nous renvoie sans cesse l'argument du rôle et des injonctions liées au statut occupé.

Cela se complique si on ajoute à cette mixture un certain plaisir naturel pour le pouvoir. La nature humaine n'est pas sociale, elle est socialisée. L'être humain est primairement guidé par des pulsions de plaisir et c'est le social qui fait taire certaines de ces pulsions interdites d'un point de vue moral, religieux ou juridique.

Dans la vraie vie

Le petit garçon de 5 ans pris dans la tourmente du complexe d'Œdipe souhaite vivement la mort de son père pour prendre sa place auprès de sa maman. Il passe d'ailleurs ses journées à le tuer avec ses pistolets en plastique et il lui rappelle souvent qu'il est très vieux ! Cette pulsion de plaisir associée à une relation amoureuse hypothétique avec sa chère maman lui est bien entendu interdite mais ce pouvoir qu'il pourrait exercer est bien tentant.

Ne plus avoir de limites, pouvoir obtenir ou posséder tout ce que l'on souhaite, être tout-puissant, vivre sans contraintes, ce sont autant de pulsions archaïques auxquelles nous apprenons assez facilement à renoncer mais qui sont toujours bien là, enfouies en nous. Et le plaisir associé au pouvoir est une pulsion naturelle. Donner des ordres et n'en avoir aucun à respecter. Être en mesure de demander tout ce que l'on veut sans rien avoir à donner en échange. Se sentir fort et dominateur sont des pulsions plus ou moins contrariées par l'éducation, donc variablement présentes chez chacun d'entre nous, mais elles sont bien inscrites dans notre système pulsionnel. Or les rôles sociaux normatifs qui nous sont transmis par la culture et ses valeurs jouent comme des régulateurs de ces pulsions interdites.

Imaginons un instant que nos actes ne soient plus identifiables. Admettons que nous portions des masques si puissants, dictés par des rôles dépersonnalisants, qu'on ne puisse plus être ni identifiés, ni se sentir coupables d'un quelconque acte déviant ? Comment pourrions-nous résister à nos pulsions de pouvoir et de domination ? L'enfant vole le jouet de son copain sans scrupule, lui met une claque s'il n'obtient pas ce qu'il veut ! Pourquoi faire compliqué quand on peut faire simple ? Dans l'entreprise, n'observez-vous pas tous les jours des comportements déviants, bien sûr masqués derrière la coupe élégante des costumes chics ? Les coups bas, les rumeurs et les manipulations pleuvent. On se met des bâtons dans les roues et on abuse, tous les jours, du petit pouvoir dont on dispose pour une raison simple : les rôles que nous occupons nous dépersonnalisent.

Les bourreaux qui coupaient la tête des condamnés en place publique portaient une cagoule. Il ne fallait pas qu'on puisse les reconnaître ensuite, mais, surtout, cette cagoule les protégeait contre cet acte inhumain qu'ils devaient commettre. Ils ne faisaient que remplir un rôle dicté par leur statut. Philip Zimbardo, célèbre psychosociologue ayant partagé les bancs de l'université avec Stanley Milgram, demande comme ce dernier à des participants d'attribuer des chocs électriques factices à des victimes innocentes. Les participants de la condition 1 étaient cagoulés et attribuèrent des chocs deux fois plus importants que ceux de la condition 2 qui portaient des badges avec leur nom et leur prénom.

En labo

On doit à Philip Zimbardo une expérience de la psychologie sociale bien plus célèbre et violente, celle de la « prison de Stanford[92] », sur la demande de l'armée américaine qui veut comprendre la violence dans les prisons. Professeur à l'université de Yale entre 1968 et 2003, il a mené un grand nombre de recherches sur la question des abus de pouvoir menant à des actes déviants et violents. En 1971, il recrute par voie de presse des étudiants pour une expérience reproduisant les conditions carcérales. Dix-huit volontaires sont sélectionnés sur la base de tests de personnalité qui ne démontrent rien d'atypique en relation avec une quelconque propension à la violence ou à la soumission. Neuf d'entre eux joueront le rôle des gardiens et les neuf autres seront les prisonniers sur la base d'un tirage au sort. On reproduit à l'identique une prison dans les sous-sols de l'université reprenant les conditions réelles de détention. Puis l'expérience commence. Sa scénarisation est poussée à l'extrême : les neuf futurs prisonniers sont arrêtés par des policiers le matin du premier jour, à

92. Zimbardo P., Haney C., Banks W. C. et Jaffe D. (1971).

leur domicile. Ils sont menottés, conduits par la police dans cette fausse prison et subissent exactement leur incarcération dans les conditions de la réalité. De l'autre côté, on fait de même avec les gardiens, ils sont briefés, on leur donne un uniforme et on leur indique le règlement intérieur qu'ils doivent faire respecter. Dès le deuxième jour de l'expérience, certains prisonniers se rebellent et les gardiens réagissent fermement. Ils vont même au-delà des consignes en privant les prisonniers de certains privilèges, leur infligent des punitions physiques, des tâches ménagères humiliantes. De leur côté, les prisonniers conspirent, se révoltent, des conflits éclatent entre eux, par exemple à cause de suspicions de complicité avec les gardiens. Les désordres émotionnels sont tellement forts que dès le troisième jour, Philip Zimbardo sort un étudiant prisonnier de l'expérience tant il est en souffrance. Le sixième jour, les conflits sont devenus tellement violents que l'expérience est arrêtée alors qu'elle était censée durer deux semaines. Il fait le constat accablant que sous couvert d'un jeu de rôles, les gardiens ont agi de façon violente et inhumaine. Ils étaient simplement protégés par leur rôle. Ils n'étaient plus eux-mêmes et ont donc laissé leurs pulsions de pouvoir et de domination les mouvoir, sans aucun pare-feu.

Les rôles sociaux induits par les statuts que l'entreprise est amenée à créer pour son bon fonctionnement peuvent consolider des masques qui finissent par lui nuire. Les collectifs de travail, pollués par des statuts rigides et/ou mal délimités, risquent de devenir des lieux de conflits et de souffrances. Le harcèlement est souvent le produit de telles dérives. Le bouc émissaire dans un groupe subit la pression du groupe ou le plaisir pulsionnel du chef à déverser son agressivité ou sa frustration sur lui. Et plus la victime est faible, parce qu'elle est minoritaire et sans pouvoir coercitif, plus la violence qui peut s'abattre sur elle risque d'être forte.

Ce sont souvent les normes implicites associées aux statuts qui créent les dérives. Le manque d'exemplarité de la direction libère les propensions à la déviance. L'impunité protège également car elle donne un sentiment de toute-puissance. Les privilèges renforcent le sentiment que tout est permis et la répartition inégale du pouvoir justifie parfois des rapports de force pénalisants pour les plus faibles. Comment, dans un tel contexte, imaginer qu'un collectif soit productif ? On ne produit rien de bon dans un climat de méfiance et de violence, même habillé sous les traits de la bienséance. Procédant d'un plaisir à la domination, le harcèlement peut se manifester de façon souterraine, larvée dans des actes anodins mais répétés qui sapent le moral, détruisent la confiance en soi et créent du mal-être[93].

Le poids des stéréotypes

Ajoutons enfin à ce cocktail explosif pour la bonne marche des collectifs le rôle joué par les stéréotypes sur les relations sociales. Les stéréotypes sont des croyances sociales associées aux membres d'un collectif, quel qu'il soit[94]. Chacun d'entre nous grandit dans un environnement pétri d'idées reçues qui nous aident à acquérir des codes de communication et des clefs de compréhension du monde. Mais, dans le même temps, ces idées préconçues nous figent dans une lecture automatique et stéréotypée de la réalité, et surtout des groupes sociaux. Les femmes manquent de leadership et les hommes sont durs dans leur management ; les Allemands sont trop rigides ; les personnes en situation de handicap trop lentes ; les seniors dépassés et les plus jeunes ne pensent qu'à leur carrière. Les Noirs sont sympas mais manquent d'énergie et les Asiatiques sont disciplinés mais trop introvertis. Voilà autant de stéréotypes que l'on peut entendre dans le quotidien des entreprises. Ils sont partagés car produits

93. Voir Grésy B. (2009).
94. Scharnitzky P. (2015).

par la culture, l'école ou les médias, ce qui renforce leur crédibilité. Et, surtout, ils s'activent cognitivement de façon immédiate et automatique quand on doit interagir avec une personne que l'on ne connaît pas. Dans une situation donnée, le cerveau rapide commence par étiqueter cette personne en l'associant au groupe le plus saillant auquel elle appartient[95]. Entreprendre de contredire un stéréotype répond donc d'un effort volontaire alors que le laisser affecter notre opinion est un automatisme confortable.

Les relations professionnelles au sein d'un collectif peuvent donc être contaminées par les stéréotypes que nous avons envers les autres sur la base des groupes auxquels nous les associons. De façon intéressante, les études que nous menons régulièrement en entreprise montrent que les groupes les plus souvent cibles de stéréotypes en entreprise ne sont pas ceux auxquels on pense spontanément. Ce ne sont ni les femmes, ni les seniors, ni les personnes en situation de handicap, ni les minorités visibles qui sont évoqués en premier lieu par les salariés. On se réfère prioritairement, de manière homogène, aux statuts et aux fonctions professionnelles. De fait, les relations professionnelles sont biaisées par les stéréotypes que nous avons envers les ingénieurs, les informaticiens, les associés, les secrétaires, les comptables, les consultants, les ouvriers ou les commerciaux. Dit autrement, il n'existe aucune fonction dans l'entreprise qui ne génère pas de stéréotype ! Alors, comment imaginer que, dans une équipe, notre relation à l'autre puisse être indépendante de ce que nous pensons de sa fonction ?

Nous l'avons dit, les rôles sociaux sont conditionnés par les attentes des autres : les stéréotypes croisés sont en cela des facteurs d'incompréhension et de conflits. Qu'en est-il de ceux qui bénéficient d'un stéréotype positif ? Certains groupes dans l'entreprise sont valorisés, souvent au diapason de la culture de

95. Kahneman D. (2012).

l'entreprise ou de son secteur d'activité. Dans l'aéronautique, par exemple, les ingénieurs font la loi car ils détiennent le savoir qui fait la réussite de tout le corps social. Les stéréotypes positifs donnent donc du pouvoir et peuvent, d'une certaine façon, libérer les actes de domination car ils confèrent au groupe dominant un pouvoir accepté.

Dans la vraie vie

Jane Elliott est une institutrice américaine. Au lendemain de l'assassinat de Martin Luther King, elle décide de donner une « leçon de discrimination » à ses élèves. Nous sommes à la fin des années 1960, dans un État du sud des États-Unis et tous ses élèves sont blancs. Elle décide donc de choisir un critère arbitraire pour installer un rapport de pouvoir entre eux : la couleur des yeux. Elle annonce que les « yeux bleus » sont plus intelligents et plus gentils et qu'en conséquence, ils peuvent jouir de privilèges tels que le fait de sortir de la classe n'importe quand pour aller boire, d'être servis les premiers à la cantine ou d'être les seuls à avoir le droit d'utiliser certains jeux dans la cour. Pour symboliser et rendre visible le stigmate, elle demande au groupe inférieur (les « yeux marron ») de porter un col en tissu. Le jour même, les enfants se constituent en deux groupes disjoints. Les insultes et les actes de violence se multiplient entre les deux camps. Pour tester l'effet sur la prise de décision collective, elle demande aux enfants de résoudre un problème en sous-groupes définis par la couleur des yeux. Elle constate que les yeux bleus deviennent plus rapides que les yeux marron. Aucune prédisposition réelle à l'intelligence dictée par la couleur des yeux, bien sûr, juste un groupe dominant qui est en confiance et un autre, stigmatisé, qui doute et qui s'empêche de réussir par une autocensure collégiale. Mais quand, le lendemain, elle décide d'inverser les rôles et de donner le pouvoir aux yeux marron, les résultats s'inversent ! Cette expérience montre comment, à partir d'un critère pourtant aléatoire, on crée du conflit au sein d'un groupe sur la base de stéréotypes générant un rapport de force inéquitable. Quarante ans plus tard, Richard Bourhis et Nicole Carignan[96] ont reproduit cette étude avec les enfants d'une classe élémentaire au Québec en utilisant non plus la couleur des yeux mais la taille des enfants. Même manipulation pour les mêmes résultats.

Au sein d'un collectif, les stéréotypes négatifs envers un métier, un statut ou un rôle condamnent les victimes à l'échec, génèrent du repli sur soi, du mal-être et potentiellement une exclusion réelle ou symbolique. Les stéréotypes positifs, eux, gonflent la sur-confiance en soi des dominants, les rendant de la sorte opaques à la contradiction et potentiellement agressifs avec les plus faibles. Rien de bon en somme pour le fonctionnement des collectifs et un renforcement de positions archaïques qui empêchent l'intégration d'une diversité pourtant nécessaire pour la créativité et la rationalité des décisions collégiales.

Les cinq clefs pour sortir des rôles et rester soi-même

- *Limiter le nombre de strates organisationnelles* qui font croître les rapports de force et le sentiment d'un pouvoir illusoire. Et ne pas numéroter ou quantifier les strates qui intensifient les rapports de force. Lutter contre tous les symboles du pouvoir qui peuvent générer un sentiment de toute-puissance chez les uns et une forme d'autocensure chez les autres.
- *« Sanctionner » au quotidien les abus de pouvoir*, même les plus anodins, afin qu'ils ne s'érigent pas en normes. Gérer les conflits par la confrontation réelle des arguments, en sortant du prisme du rapport hiérarchique.

96. Bourhis R. Y. et Carignan N. (2007).

- *Appliquer une politique RH et managériale qui réduise la dissonance en alignant la personnalité et les compétences avec les statuts et les rôles de chacun.* Délimiter clairement le périmètre des statuts avec un cahier des charges clair et les rôles attendus en adéquation avec les statuts.
- *Dépolluer les relations professionnelles des stéréotypes* en créant des conditions apaisées contrecarrant les effets néfastes liés par exemple aux émotions, à la fatigue ou encore à la pression temporelle. Et veiller autant aux dégâts des stéréotypes positifs qu'aux méfaits des stéréotypes négatifs.
- *Veiller à ne pas laisser s'installer des formes de pouvoir implicite* qui ne correspondent à aucun périmètre d'action ou à aucun statut officiel. En effet, ces formes de pouvoirs auto-déclarés polluent les relations professionnelles horizontales et créent des conflits larvés très difficiles à déconstruire. C'est ce qui se joue parfois avec l'ancienneté, le poids parfois illégitime des diplômes, ou encore la notoriété de telle ou telle entité au sein d'une organisation.

chapitre 9

Illustration : les rumeurs. Ou comment tout un système peut devenir défaillant

Nous sommes le 18 août 2017. La veille, une camionnette a foncé sur une foule de touristes en plein centre de Barcelone, faisant treize morts et des dizaines de blessés. L'acte est revendiqué par Daech. Outre l'horreur du geste, nous assistons, comme à l'accoutumée, au cortège de messages accablés et solidaires de tous les dirigeants du monde. Comme d'habitude, Donald Trump se distingue par une sortie provocatrice à la hauteur de ses références. Il annonce vouloir rétablir les pratiques du général Pershing au début du XXe siècle, quand celui-ci faisait exécuter les rebelles musulmans aux Philippines. Le président américain vante alors le fait que ces pratiques ont permis d'éradiquer les actes terroristes pendant plus de trente ans. Ainsi, le général Pershing faisait exécuter les terroristes capturés à l'aide d'une balle trempée dans du sang de porc, puis les corps étaient enterrés, « emballés » dans la peau d'un porc, animal impur dans la religion musulmane. On laissait en vie un seul terroriste musulman et on le relâchait pour qu'il puisse en témoigner auprès des autres. Le but était de leur faire peur car les modalités de leur mort les empêchaient d'aller au paradis.

Le problème est que cette histoire ne repose sur aucune preuve. Aucun historien n'a retrouvé quelconque trace de ces pratiques ! Elles sont le produit d'une rumeur, que nous appelons aujourd'hui une « légende urbaine » ou « *fake news* ». Mais cette histoire remplit toutes les conditions d'une rumeur réussie. Le contexte est terriblement anxiogène, avec des actes terroristes qui se multiplient partout depuis plusieurs années, le récit est sensationnel – il va dans le sens des stéréotypes très négatifs répandus envers la communauté musulmane –, il est colporté par une personne dont la posture peut être crédible aux yeux de certains et, enfin, l'information est impossible à démentir. En effet, s'il n'existe aucune preuve de la véracité des faits, il n'en existe pas davantage pour prouver leur *inexactitude*.

À l'échelle de l'entreprise, des rumeurs peuvent se propager quand les mêmes conditions sont réunies. Leur effet peut être extrêmement violent et déstabilisant pour tout l'écosystème quand ces rumeurs sont reprises, partagées et qu'elles conditionnent des actes, comme la démission ou la perte de confiance des investisseurs sur les marchés financiers. De fait, la mécanique des rumeurs a toute sa place dans ce livre car elle est une bonne illustration des biais collectifs qui, de façon systémique à l'échelle de l'entreprise, peuvent nuire à une communication efficace et à la dynamique des groupes. Comme un chapitre de synthèse, ce phénomène sera passé en revue en s'appuyant sur les différents biais collectifs rencontrés dans les chapitres précédents.

Les caractéristiques des rumeurs

Les rumeurs sont des informations qui circulent dans un écosystème culturel, à des échelles variées. L'avènement d'Internet permet de les propager au niveau planétaire en fonction de leur degré de sensationnalisme et de l'importance qu'elles revêtent. Mais les rumeurs peuvent aussi concerner un système beaucoup plus petit tel que la famille, quand tous ses membres propagent de génération en génération le mythe d'un arrière-grand-père résistant ou le fait qu'untel ne serait pas le père naturel de tel ou tel cousin. L'entreprise est un environnement propice à l'émergence des rumeurs car c'est un écosystème qui remplit toutes les conditions favorables à leur existence. Il s'agit bien d'un groupe fermé, qui partage une culture et dans lequel il existe des flux importants d'informations plus ou moins officielles.

Les rumeurs ont plusieurs caractéristiques constitutives.

- Il s'agit toujours d'une information dont on ne peut pas vérifier l'exactitude. Elle est transmise la plupart du temps par le bouche-à-oreille physique ou par un buzz numérique, de sorte que personne ne puisse identifier la source originelle, ce qui ne permet pas de questionner son fondement rationnel.
- La rumeur est une information qui se propage dans le corps social. Elle est répétée à une vitesse que le numérique a permis d'accélérer. Les réseaux sociaux internes aux entreprises sont en effet des outils viraux redoutables pour la circulation des informations. Dans l'entreprise, on discute de tous ces petits riens sur les trahisons, les coucheries, les erreurs commises par les uns et les autres à la cantine, à la pause cigarette et à la machine à café. Comme si cela ne suffisait pas, on s'envoie aussi des e-mails avec des photos en pièce jointe, qui sont

de plus en plus souvent des *fake* retouchés, et on s'écrit des textos.

- Michel-Louis Rouquette nous explique[97] que la rumeur véhicule un contenu « agressif ou aversif » dans 90 % des cas. En effet, la rumeur est rarement positive. Elle transmet une information qui, au mieux, nous permet de nous moquer des gens (une tromperie, une erreur, une situation dans laquelle un collègue a été ridiculisé, etc.). L'analyse de la fonction sociale des rumeurs permet de comprendre qu'elles sont la plupart du temps négatives car elles répondent à la gestion d'un stress lié à l'inconnu. De fait, la rumeur traduit des angoisses. On ne propage jamais l'idée que l'entreprise va bien, sauf si c'est pour dire à quel point les dirigeants s'enrichissent de façon abusive sur le dos des salariés avec des bonus exorbitants ou des stock-options indécentes. En revanche, on a vite fait de faire courir le bruit d'un plan social, d'un rachat ou d'une délocalisation liée à l'idée que les résultats financiers sont décevants !
- Enfin, et c'est sans doute le plus important, les rumeurs impliquent des transformations sémantiques appliquées par des individus à un discours donné. Dit autrement, la rumeur déforme, transforme, accentue et exagère peu à peu le contenu d'une information originellement banale. Cette déformation ne se fait pas de façon aléatoire, elle va toujours dans le sens des croyances, opinions, stéréotypes et phobies ancrés dans la culture ambiante. On n'exagère ainsi pas par hasard le comportement d'une secrétaire qui devient au fil des récits une « fille facile » simplement à cause de ses décolletés. Cela repose sur le stéréotype que la tenue vestimentaire des femmes est nécessairement liée à la légèreté de leurs mœurs.

Ces quatre caractéristiques font des rumeurs des informations redoutables et déstabilisantes pour les organisations car elles

97. Rouquette M.-L. (1992).

déforment la réalité et peuvent donner lieu à des décisions radicales qui ne se fondent sur aucun fait avéré. La rumeur d'un plan social peut, par exemple, déboucher sur une grève, l'exagération de mauvais résultats sur le départ de certains ingénieurs vers la concurrence ou encore la prétendue légèreté de la secrétaire sur son licenciement.

Comment apparaissent les rumeurs ?

Il existe des rumeurs dont le fondement psychologique sous-jacent est peu intéressant. Celles-ci sont, par exemple, volontairement lancées par un lobby ou par une entreprise pour nuire à un produit ou à une entreprise concurrente.

Dans l'entreprise

C'est le cas depuis cinquante ans avec les effets cancérigènes que l'on attribue à l'aspartame ou encore aux accusations sataniques dont l'entreprise Procter & Gamble a fait l'objet il y a plusieurs décennies. L'ancien logotype de l'entreprise, créé au XIXe siècle, représente un vieillard jupitérien en forme de croissant de lune regardant treize étoiles en l'honneur des treize colonies américaines. Mais c'est sans compter sur la réinterprétation malfaisante et instrumentalisée de la signification de ce logotype. Selon la rumeur, on perçoit dans celui-ci le nombre 666 symbolisant Satan quand on aligne les treize étoiles d'une certaine façon. On y verrait aussi un bélier, qui est la figuration animale de Satan, et l'on devine (avec beaucoup d'imagination) des croissants de lune qui seraient une référence à la secte Moon. Toutes les caractéristiques des rumeurs décrites plus haut sont bien cochées mais la déformation est instrumentalisée donc elle ne découle pas d'un processus progressif et « involontairement » déformant.

Nous allons plutôt nous intéresser aux rumeurs qui naissent « toutes seules » car elles sont toujours le reflet d'un climat social anxiogène qu'il faut prendre soin de ne pas laisser s'installer. Elles apparaissent dans des conditions bien identifiées.

Un contexte socialement conflictuel

C'est l'instabilité d'un contexte social qui génère un manque de compréhension ou de contrôle, dans les deux cas anxiogènes. La psychologie humaine est ainsi faite : quand nous n'avons aucun contrôle sur une situation, par manque d'information, par exemple, nous sommes prêts à inventer des causes car elles permettent de nous donner une illusion de contrôle rassurante. C'est, par exemple, le cas en période de contestation sociale dans une entreprise. Un contexte de conflit mal géré : des revendications floues, des négociations opaques ou des manifestations répétées, etc., laissent fleurir des rumeurs sur la posture de la direction, sur les menaces de blocage des salariés…

Une forte charge émotionnelle

Les émotions sont des polluants pour le raisonnement et les décisions rationnelles. Comme l'explique le psychologue et économiste Daniel Kahneman dans sa théorie sur les deux vitesses du cerveau[98], elles représentent une charge cognitive qui prive notre cerveau lent de ses ressources. Les émotions nous font agir vite, dans le simple but de faire face à une menace perçue qui génère de l'anxiété. Nous disposons alors de moins de ressources rationnelles, le cerveau décide sur un matériau appauvri par l'encombrement mental de l'émotion. Donc plus l'émotion est forte dans l'organisation, plus les rumeurs disposent d'un terreau favorable pour se propager. Imaginons, par exemple, le cas d'un

98. Kahneman D. (2012).

suicide dans l'entreprise. Personne ne sait réellement comment ni pourquoi mais l'émotion générée peut faire se propager, très vite, des rumeurs sur le comportement harceleur du manager ou, pis, sur l'idée que ce n'est peut-être pas un suicide !

Dans l'entreprise

Les fusions-acquisitions sont un exemple parfait d'une charge anxiogène forte subie par les salariés des deux entreprises concernées. Elles mettent tout le système en émoi car elles sont rarement transparentes dès l'annonce sur les conséquences d'une telle réorganisation. Et elles affectent tous les acteurs de l'entreprise. De fait, elles génèrent toutes sortes de rumeurs sur la survie des postes, les pratiques et la notoriété de « l'autre entreprise », ou le partage des locaux, voire les déménagements qu'elles peuvent provoquer. Et l'on comprend qu'il est indispensable, dans une telle situation, que les dirigeants communiquent et diffusent une information claire et rassurante, au risque de voir par exemple certains collaborateurs prendre la fuite par une anticipation erronée des dégâts que la fusion pourrait induire.

Un sentiment de menace

La rumeur est d'autant plus susceptible de s'installer quand l'écosystème qui la propage ressent une menace extérieure. C'est le sentiment de vulnérabilité qui fait peur, privant les acteurs de contrôle sur la situation et installant un climat émotionnel fort. La menace d'un plan social, par exemple, va déclencher des réactions en chaîne sur le nombre de personnes concernées, les critères, ou sur l'existence d'une obscure liste noire qui circulerait déjà. La menace peut parfois avoir des effets positifs sur le resserrement des liens entre les personnes qui en font l'objet. La famille, par exemple, peut se consolider sur une menace extérieure. On se serre les coudes face à la maladie d'un proche. Mais dans des groupes de plus grande taille, la menace risque d'avoir un effet inverse en faisant exploser la cohésion du collectif. Un plan social hypothétique ne concernera que certains salariés et, de fait, il peut créer des rivalités et un besoin, pour chacun, de croire qu'il sera épargné. En projetant des prédictions anxiogènes sur les autres, on se protège ; alors que face à une menace globale, il faudrait faire bloc pour résister ensemble dans une coopération solidaire. Mais c'est souvent l'inverse qui se passe. La menace rompt les liens, fissure la cohésion et génère des rumeurs catastrophistes.

Dans l'entreprise

L'arrivée de Free sur le marché de la téléphonie mobile a totalement bouleversé l'équilibre oligopolistique installé par les trois opérateurs traditionnels : Orange, SFR et Bouygues Telecom. Avec sa politique tarifaire agressive, les trois autres ont perdu d'importantes parts de marché et Bouygues en a fait les frais en premier. Les médiocres résultats ont menacé la survie du groupe au point que l'entreprise a connu une migration massive de ses ingénieurs vers la concurrence. S'ajoute à cela une communication externe qui n'a pas su mettre en avant l'avance technologique sur la 4G par exemple, et on se retrouve avec un climat propice à l'émergence de rumeurs concernant la disparition pure et simple de l'entreprise ! Aujourd'hui, Bouygues Telecom est toujours debout mais a subi les effets négatifs des rumeurs persistantes affectant la réserve de ses talents techniques et la confiance de ses salariés à l'égard du groupe.

On le comprend, les rumeurs n'apparaissent pas par hasard et ces trois conditions sont liées au stress. Qu'il s'agisse d'un sentiment de menace, de la charge émotionnelle partagée ou du degré de conflictualité dans le contexte, on en revient toujours à l'anxiété ressentie au niveau systémique comme déclencheur de rumeurs. Mais, de fait, si elles sont si destructrices pour les écosystèmes à l'intérieur desquels elles se propagent, pourquoi sont-elles si répandues ? Rempliraient-elles une fonction sociale utile ?

La fonction sociale des rumeurs[99]

Comme c'est souvent le cas en psychologie, le paradoxe de notre fonctionnement psychosocial est que nous sommes souvent dans la logique de la « contrainte utile ». Les stéréotypes, par exemple, sont à la fois nuisibles car ils génèrent potentiellement de la discrimination et dans le même temps utiles pour notre fonctionnement cognitif. Idem pour les conflits dans les entreprises : ils peuvent déstabiliser toute une équipe ou même provoquer de la violence, mais ils sont indispensables et inhérents à la bonne marche et à l'évolution d'un collectif. Les conflits permettent de libérer les frustrations, de mettre sur la table les dysfonctionnements et de résoudre les problèmes.

Il en va de même pour les rumeurs. Elles sont à la fois destructrices et utiles à notre psychologie. Quelles sont donc leurs fonctions psychologiques et sociales ?

Le rétablissement d'un sentiment de contrôle

On l'a dit, nous avons tous besoin de cultiver le sentiment de contrôler les événements qui nous concernent. Nous détestons par exemple le hasard (sauf quand il nous fait gagner au casino) car nous n'avons aucun contrôle sur lui. Ce serait un événement purement statistique et aléatoire qui ferait de nous (ou

99. Voir Scharnitzky P. (2007).

pas) un multimillionnaire ? Impensable. Alors, face au hasard, on déploie toute la garnison de nos croyances et autres superstitions. On joue des chiffres porte-bonheur, on ne quitte pas son gri-gri, on ne porte pas telle ou telle couleur de vêtement et, surtout, on joue des chiffres magiques que nous avons émotionnellement investis.

Les rumeurs rassurent, même quand elles sont menaçantes. On préférera croire à un événement négatif plutôt que de ne rien savoir sur une situation obscure ou inexplicable. Croire par exemple en la réincarnation ou au paradis revient à avoir du contrôle sur l'inexplicable fondement de la vie après la mort. La rumeur donne donc un sentiment de contrôle et par là même soulage les tensions émotionnelles insupportables liées à l'inconnu.

Une certaine valorisation de soi

Même s'il s'agit d'une fonction psychologique moins louable ou moralement acceptable, propager une rumeur revient à se positionner comme un « dominant » car on détient une information jusqu'alors inconnue des autres. On a vu avec Léon Festinger et sa théorie de la comparaison sociale[100] à quel point l'évaluation de soi repose sur une comparaison favorable avec les autres. Connaître une rumeur, c'est se mettre automatiquement dans une position avantageuse par rapport aux autres. On est sachant, on sait quand les autres ne savent pas et on génère une forme de reconnaissance en transmettant une information qui donne l'illusion de faire partie d'une poignée de privilégiés éclairés. Ainsi, la rumeur se propage par un jeu de mise en avant de soi narcissisant.

100. Festinger L. (1954).

Dans la vraie vie

Quelle déception pouvons-nous lire sur le visage d'un collègue nous annonçant une rumeur qu'on connaît déjà ! C'est ainsi que l'on mesure l'enjeu narcissique de la rumeur. Nous prenons d'ailleurs un malin plaisir à lui dire que nous étions au courant, ce qui est par effet miroir une posture aussi valorisante, sinon plus, que celle de notre interlocuteur. On comprend donc l'importance que revêt la rumeur pour l'estime de soi.

Le renforcement de la cohésion du groupe

Voilà une fonction davantage sociale que psychologique que nous pouvons attribuer aux rumeurs. On a expliqué plus haut que la rumeur pourrait fissurer la cohésion dans un groupe étendu et qu'elle risquait de mettre les acteurs en compétition potentielle, dans le cadre d'un plan social par exemple. Mais, à l'inverse, la rumeur peut aussi avoir un effet positif quand elle concerne tout le collectif sans distinction. Et, surtout, elle produit un sentiment de partage de normes totalement implicites. Connaître et partager une rumeur au sein d'un groupe, c'est nourrir le sentiment qu'on est identique et qu'on se rassemble autour d'un savoir caché, officieux ou tabou. Cela fonctionne comme les codes qui sont partagés dans les groupes déviants ou interdits. Les membres toujours bien vivaces d'un Ku Klux Klan pourtant illégal partagent des codes secrets dans leur posture non verbale ou leurs vêtements, ce qui leur permet de se reconnaître en société sans se parler et sans l'afficher publiquement. Plus le partage au sein d'un groupe concerne des éléments implicites et non officiels, plus ils deviennent le ciment d'une cohésion forte.

La rationalisation des croyances sociales

Enfin, les rumeurs déforment les informations dans le sens des croyances ambiantes d'une culture donnée. Par le partage consensuel du plus grand nombre, elles deviennent de fait des éléments justifiant ces croyances parfois totalement irrationnelles. Plus on est nombreux à partager une rumeur, plus son fondement a des chances d'être perçu comme vrai. Et comme celui-ci est une dérivée de ces croyances, on aboutit à un fonctionnement tautologique où les croyances génèrent les rumeurs et, à leur tour, les rumeurs rassurent car elles confirment les croyances. C'est particulièrement vrai pour les stéréotypes.

En labo

Gordon W. Allport et Leo Postman[101] ont été les premiers à décortiquer, en 1947, le phénomène des rumeurs. Reprenant en laboratoire la méthodologie d'un jeu de camp de vacances, ils testent comment une information se dénature et se simplifie à mesure qu'elle est transmise par le principe du bouche-à-oreille. L'expérience met en scène des groupes de sept personnes. On montre une image volontairement ambiguë au premier et on lui lit un texte décrivant la scène. Puis, celui-ci doit raconter la scène le plus fidèlement possible à un second participant qui rentre dans la salle. Ce dernier devra en faire autant avec un troisième participant et ainsi de suite jusqu'au dernier. On enregistre le récit de chacun et on analyse la déformation progressive de l'histoire au fur et à mesure des récits. On constate alors plusieurs phénomènes. D'une part, le message se réduit tant et si vite qu'au troisième récit, on ne transmet plus que 35 % du contenu du message originel. Énormément de détails sont vite oubliés et le message devient de plus en plus simple pour devenir une information concise, courte et facilement mémorisable. « Il paraît que le Boss est séropositif » est une rumeur dont le contenu est extrêmement court et facile à transmettre. D'autre part, le message subit des accentuations fortes pour devenir plus sensationnel afin de remplir les fonctions sociales que nous avons abordées. La taille du poisson pêché grandit à mesure qu'on raconte l'histoire, le nombre de morts augmente au fil du récit de tel ou tel accident, le

101. Allport G. W. et Postman L. (1947).

temps de parcours pour accomplir tel ou tel voyage se raccourcit… Comme si cela ne suffisait pas de faire courir le bruit que le CEO est séropositif, il sera donc vite condamné à l'échéance de cinq ans, puis deux ans, et bientôt trois mois !

Enfin, et c'est ce qui nous intéresse ici avec cette expérience, on constate que les informations sont déformées dans le sens des croyances et des stéréotypes existants et ce, pour deux raisons. La première est purement cognitive : notre cerveau va mieux mémoriser ce qui est conforme à nos attentes et opinions préalables. La seconde est plus affective et inconsciente : déformer une rumeur dans le sens de nos stéréotypes permet de justifier ces stéréotypes et de nous donner raison. Nous faisons alors d'une pierre deux coups : la rumeur nous valorise car on fait partie des rares élus qui la connaissent, et en plus elle confirme à quel point nous sommes exacts dans nos présuppositions. Gordon W. Allport et Leo Postnam illustrent ce phénomène par la façon dont certaines images sont déformées. L'une d'elles met en scène deux hommes face à face dans une rame de métro newyorkais. L'un est blanc, petit et tient un rasoir dans la main gauche en pointant du doigt l'autre personnage avec sa main droite. L'autre est noir, plus grand et fait face au premier. Les récits de cette scène ambiguë vont alors s'assimiler peu à peu aux stéréotypes ambiants de l'époque, à la fois forts et violents, envers les Noirs. On constate deux assimilations. La première fait passer le Noir à « un groupe de Noirs ». En effet, la différence de taille est oubliée mais assimilée au stéréotype selon lequel les Noirs fonctionnent en bande. Le cerveau n'a pas oublié la distinction entre les deux personnages mais fait passer la différence de taille en différence de nombre car cela correspond mieux à la figure du Noir menaçant. Mais, surtout, le rasoir tenu par le blanc change de main dans 50 % des récits ! Le stéréotype négatif envers le Noir violent déforme donc l'histoire, qui passe d'un Blanc menaçant un Noir à plusieurs Noirs menaçant un Blanc !

On comprend donc que si les rumeurs existent, c'est qu'elles remplissent plusieurs fonctions sociales et psychologiques. Elles sont ainsi quasiment inévitables si les conditions de leur apparition sont réunies. On retrouve là encore l'effet du contexte qui écrase les prédispositions personnologiques ou individuelles. Mais la bonne nouvelle est qu'il est possible, par la gestion de ce contexte, de limiter les risques de dégâts que les rumeurs peuvent représenter.

Car les dégâts peuvent être importants pour l'entreprise : au niveau individuel, les rumeurs peuvent détruire la notoriété et par là même la crédibilité d'un collègue ou d'un dirigeant. Cela peut nuire à la façon de travailler avec lui, réduire la confiance qu'on lui accorde et affecter l'estime de soi de cette personne, ce qui risque de la désengager et même de la pousser en situation de mal-être par un harcèlement larvé et partagé. Les rumeurs peuvent tout autant provoquer la fuite des talents et faire perdre à l'entreprise des forces vives nécessaires à son succès. À un niveau plus systémique, on comprend, avec les exemples qui ont été présentés, que les rumeurs peuvent rompre la communication, générer des conflits, des rivalités malsaines et nuire à l'efficacité des collectifs. Enfin, elles peuvent aussi conduire à des décisions erronées tant individuellement que collectivement. Tout changement est facteur de rumeurs. Un déménagement, une réorganisation, un changement de président peuvent plonger l'entreprise dans un doute collectif, une période de sentiment d'incontrôlabilité viral qui va déstabiliser, désengager et produire une inefficacité de tout l'ensemble.

Quels enseignements systémiques ?

En synthèse de ce livre, il est intéressant d'analyser comment les rumeurs illustrent, au niveau systémique, les dérives collectives que nous avons présentées.

La paresse sociale

Les rumeurs dépersonnalisent, elles noient dans un flux d'informations perpétuées et déformées la responsabilité des dérives qu'elles provoquent. C'est bien l'absence de preuve et d'identification de la source comme responsabilité primaire qui nous rend tous paresseux concernant la vérification des informations propagées et la volonté d'une rationalité dans les informations transmises.

La facilitation sociale

Les rumeurs nous valorisent et nous plongent dans une compétition induite par le fait que nous sommes bien en co-action face à l'information propagée. Chacun y va de son exagération pour faire mieux que les autres et rendre l'information encore plus extraordinaire, même si c'est inconscient la plupart du temps. On tombe vite dans la spirale du sensationnalisme qui déforme la réalité et fait potentiellement prendre des risques à tout l'écosystème.

La polarisation collective

Les rumeurs suivent souvent naturellement le fil de ce processus. Les informations se radicalisent à mesure qu'elles se déforment.

Plus elles se propagent, plus elles sont sensationnelles par le biais de l'accentuation, plus les opinions deviennent polluées par les émotions, et plus elles se radicalisent. Une rumeur qui enfle nous pousse à exprimer une opinion radicale qui peut amener à une forte exclusion symbolique ou au rejet par exemple du bouc émissaire, jusqu'à son licenciement. C'est ainsi qu'en 2011, Carlos Ghosn, PDG du groupe Renault, était venu annoncer au journal de TF1 le licenciement de trois ingénieurs suspectés d'être des espions, alors qu'aucun élément ne le prouvait. Il a d'ailleurs dû faire machine arrière et les réintégrer.

La normalisation

Par sa fonction de renforcement de la cohésion sociale, les rumeurs rapprochent les personnes qui la partagent et font converger les opinions au point qu'elles deviennent rationnalisées par la logique des grands nombres. Plus la rumeur est partagée, plus elle est perçue comme vraie car elle devient une norme que plus personne ne peut contester. L'information venant contredire la rumeur devient d'ailleurs inefficace car elle arrive souvent trop tard. Même quand elle apporte la preuve de l'inconsistance de la rumeur, le mal est fait, et nous pouvons aller jusqu'à inventer une autre rumeur pour contrecarrer l'exactitude du déni. Quand la rumeur court dans Paris qu'Isabelle Adjani est décédée dans des conditions obscures, l'information se propage tellement vite que sa famille reçoit des messages de condoléances. L'actrice décide donc de venir témoigner en direct au journal de TF1 et embrasse sur la joue Patrick Poivre d'Arvor pour prouver qu'elle est bien vivante. Trop tard ! Le lendemain, on entend ici et là qu'il s'agissait d'un sosie !

Le conformisme

Une rumeur prend rapidement fin quand elle n'a vraiment aucun fondement ou qu'elle n'est pas assez sensationnelle. Mais si le ciment prend, plus le nombre des colporteurs est important, plus les rares non-informés se retrouvent sous le poids d'une norme dominante les poussant à se rallier à l'opinion majoritaire. Les rumeurs incitent donc à suivre le cheminement du conformisme dicté par la loi des grands nombres.

La soumission à l'autorité

Rappelons-nous des piliers de l'obéissance. On obéit à un ordre légitime, cohésif et déresponsabilisant. De fait, plus les rumeurs sont diffusées à l'appui d'un savoir légitime, plus elles sont crédibles et propagées. Comment faisons-nous quand nous transmettons une rumeur ? On identifie une source la plus crédible possible, soit par sa notoriété, soit par la connexion avec l'événement de la rumeur. On dira qu'on détient l'information d'un chef, d'un chercheur ou de toute personne perçue comme « sérieuse » afin de donner du crédit au message. Ou alors, pour éviter de tomber dans la logique de « celui qui connaît quelqu'un qui connaît quelqu'un qui m'a dit que... », on réduit les intermédiaires en rapprochant les lignes. On obéit implicitement à l'injonction de transmettre la rumeur d'autant plus facilement qu'on la croit légitime, quand elle vient d'une source partagée, donc cohésive, et quand elle nous déresponsabilise sur les conséquences, ce que nous avons déjà démontré avec la paresse sociale.

L'abus de pouvoir

Enfin, nous avons consacré un chapitre aux abus de pouvoir implicites liés à la dépersonnalisation des rôles sociaux. Là encore, on trouve une explication au phénomène des rumeurs. Quel moyen formidable de se donner du pouvoir et de se valoriser que de détenir une rumeur inconnue des autres ! Et ce sentiment est inversement proportionnel au pouvoir réel que l'on détient. Si l'on admet l'idée que, dans l'entreprise, les personnes sans pouvoir implicite sont nettement plus nombreuses que les managers et les dirigeants, on comprend que la rumeur donne un sentiment de pouvoir aux plus nombreux et remplit donc toutes les conditions pour se propager vite.

Conclusion

Les entreprises et les organisations font aujourd'hui face à trois défis majeurs, au diapason de changements profonds des modes de vie, des appétences et des revendications des acteurs qui les animent.

Le premier concerne le rapport à « l'objet travail » qui s'incarne de deux façons. D'une part, les crises économiques successives et toutes les formes de précarité qui en découlent depuis cinquante ans ont semé le doute quant au pouvoir de l'entreprise à assurer le bien-être à ses salariés et la possibilité d'entrevoir un avenir stable et rassurant. D'autre part, les aménagements du rapport au travail (et au temps de travail) ont créé un fossé entre le salarié et l'entreprise (35 heures, RTT, allongement de la vie, émergence des loisirs…). Le travail a perdu une partie de sa valeur au point de casser la confiance de certains qui se replient dans d'autres voies plus déviantes tant le principe de « carrière professionnelle » a perdu son sens.

Le deuxième défi concerne le rapport à l'autorité. Les nouveaux modèles éducatifs ont changé le rapport aux enfants. Ces derniers, devenus grands, ne comprennent pas comment l'entreprise peut encore fonctionner sur des circuits de décisions unilatérales, voire dogmatiques. Puisque le travail a perdu une partie de sa valeur, on lui demande au moins du sens. Et c'est toute la logique du respect des normes et des consignes qui s'en trouve affectée. On veut comprendre, être consulté, participer et tirer des profits partagés des efforts et des contraintes.

Le troisième et dernier défi concerne l'explosion de la diversité et, avec elle, des revendications nouvelles liées à une prise de conscience générale de droits existant en contrepartie du devoir professionnel. La population active se diversifie, les minoritaires sont de plus en plus nombreux et, de fait, des revendications émergent, associées à une plus grande maturité sur la connaissance du cadre légal. On a le droit à du temps libre, on n'a pas à accepter d'être placardisé, discriminé ou harcelé, on peut rester soi-même sans être obligé de se fondre dans un moule conformiste, et on n'est même pas tenu d'accepter les mauvaises blagues. Et pour tout cela, on a même le droit de se plaindre, d'être défendu et dédommagé.

L'entreprise doit donc gérer aujourd'hui une population qui change et qui va continuer de changer. Les acteurs de l'entreprise lui font moins confiance, remettent en question ses choix et revendiquent un droit au bien-être et au respect des diversités. Quel challenge à relever !

Les nouveaux modèles coopératifs semblent être la bonne réponse à ces trois défis. Ils proposent de créer un environnement de travail redonnant du sens et de la crédibilité aux valeurs, générant de l'autonomie et du pouvoir par la collégialité des décisions et permettant un respect de soi, de chacun, de toutes et de tous. Toutes les grandes organisations sont aujourd'hui en profond changement car elles sentent les menaces sous-jacentes à ne pas évoluer, sans forcément d'ailleurs les conscientiser. Et c'est probablement le manager de proximité qui est le plus durement exposé à ces changements, au point que Philippe Émont parle de « solitude managériale[102] ». Le manager reçoit d'en haut des consignes de changement tournées vers la performance et la compétitivité, et il subit d'en bas les revendications et les attentes des salariés, tournées, elles, vers le bien-être et la reconnaissance sociale. Il est pris dans un étau que seule la coopération peut

102. Voir Grésy J.-E., Emont P. et Pérez Nückel R. (2013).

desserrer. Il doit être accompagné pour instaurer une collégialité intelligente qui l'enrichit, ôte le poids d'une responsabilité trop lourde et garantit l'engagement comme la paix sociale.

Le collectif doit donc devenir intelligent, apprendre à penser, fonctionner et décider. Les théories de l'intelligence collective, les expérimentations d'entreprise libérée et les start-up qui s'imposent comme des laboratoires organisationnels sont autant de signes d'une volonté et d'un besoin de changer dans la bonne direction. Mais il faut comprendre et se préparer aux dérives et aux dangers inhérents à ces changements.

Ce livre avait pour but de « rendre le collectif (vraiment) intelligent » à l'appui de pistes d'analyse et de clefs de compréhension, en inventoriant les biais collectifs qui guettent les décisions du même nom. Le management doit être préparé afin d'anticiper d'éventuelles dérives. Comment le groupe peut-il ne pas sombrer dans une forme de paresse ou, inversement, dans une compétition destructive ? Comment peut-il ne pas s'enfermer dans des décisions absurdes et se radicaliser ? Comment lutter contre la pression des normes et contre la loi des grands nombres ? Et comment résister à une autorité légitimée par l'histoire, les rituels ou le poids de la hiérarchie ? J'espère avoir, modestement, apporté quelques éléments de réponse.

Remerciements

Je tiens à remercier en tout premier lieu Tatiana Trey qui m'a poussé à écrire ce livre. Elle y a cru bien avant moi, m'a motivé, encouragé et a assisté à toutes les phases de sa rédaction. Elle a su générer des questionnements utiles sur l'organisation de ce livre, ses objectifs, son contenu et sa logique.

Énorme merci à Valentine Poisson qui a fait un travail remarquable de relecture, de référencement et de recadrage humble mais juste.

Et un grand merci générique à tous les auteurs, chercheurs et penseurs de la psychologie sociale qui, depuis des décennies, décrivent le monde de la meilleure façon qui soit, avec l'obsession de penser l'être humain dans des collectifs et dans des systèmes emboîtés et influents. Depuis le début de mes études en psychologie, je ne cesse de me référer à ces travaux et ils m'éclairent tous les jours, y compris dans mon quotidien professionnel auprès des entreprises que j'accompagne. La liste ne peut pas être exhaustive mais Théodor Adorno, Gordon Allport, Henri Tajfel, Stanley Milgram, Serge Moscovici, Kurt Lewin, Solomon Asch, Léon Festinger, Willem Doise, Muzaref Sherif, Jacques-Philippe Leyens ou encore Milton Rokeach sont autant de grands noms de la psychologie sociale qui m'ont inspiré et qui continuent de le faire. Je suis toujours étonné de constater à quel point leurs théories sont vivaces et éclairantes.

Bibliographie

Adams J. S., "Towards an understanding of inequity", *Journal of Abnormal and Social Psychology*, 67, 1963, Pp. 422-436.

Adorno T. W., Frenkel-brunswik E., Levinson D. J. et Sanford R. N., *The authoritarian personality*, Harper, 1950.

Aebischer V. et Oberlé D., *Le groupe en psychologie sociale,* Dunod, 5e édition, 2016.

Bereni L., Prud'homme D., *La fonction diversité : enjeux, compétences et trajectoires,* AFMD, 2017.

Allport G. W. et Postman L., *The psychology of rumor*, Holt, 1947.

Arendt H., *Eichmann à Jérusalem : rapport sur la banalité du mal*, Gallimard, 1963.

Asch S. E., "Effects of group pressure upon the modification and distortion of judgment", in H. Quetzkow (dir.), *Groups, leadership and men*, Carnegie Press, 1951.

Asch S. E., "Opinions and social pressure", *Scientific American*, 193, 1955, Pp. 31-35.

Aubry C., *Scrum, le guide pratique de la méthode agile la plus populaire,* Dunod, 4e édition, 2015.

Beauvois J.-L., Mugny G., Oberlé D., *Psychologie sociale : relations humaines, groupe et influence sociale, tome 1,* Presses universitaires de Grenoble, 1995.

Barrand J. (dir.), L'entreprise agile. Agir autrement pour la survie des entreprises, Dunod, 3e édition, 2017.

Beauvois J.-L. et Joulé R.-V., *Petit traité de manipulation à l'usage des honnêtes gens,* Presses universitaires de Grenoble, 7e édition, 2017.

Becker H. S., *Outsiders. Studies in the sociology of deviance*, The Free Press of Glencoe, 1963.

Berry J. W., "Independence and conformity in subsistence-level societies", *Journal of Personality and Social Psychology*, 7, 1967, Pp. 415-418.

Bidault F. et Jarillo J.-C., « La confiance dans les transactions économiques », *in* Bidault F., Gomez P. Y., Marion G., *Confiance, entreprise et société,* Éditions ESKA, 1995, Pp. 109-123.

Bonabeau E. et Theraulaz G., *Intelligence collective,* Hermès sciences publications, 1994.

Bourhis R. W. et Carignan N., *Petit guide pédagogique pour « La leçon de discrimination »*. Dans le DVD : la leçon de discrimination. Documentaire tiré de l'émission *Enjeux, Montréal, Services éducatifs de Radio-Canada, 2007.*

Brewer M. B., Social identity, distinctiveness, and ingroup homogeneity, *Social Cognition*, 11, 1993, Pp. 150-163.

Carney B. M. et Getz, I., *Liberté et Cie. Quand la liberté des salariés fait le bonheur des entreprises,* Fayard, 2e édition, 2016.

Carver C. et Scheier M.-F., "Control theory: A useful conceptual framework for personality-social, clinical and health psychology", *Psychological Bulletin*, 92, 1982, Pp. 111-135.

Cialdini R., *Influence et manipulation. Comprendre et les mécanismes et les techniques de la manipulation,* First, 2004.

Chan Kim W. et Mauborgne R., *Blue Ocean Strategy. How to create uncontested market space and make the competition irrelevant*, Harvard Business School Press, 2005.

Cottrell N., *Social facilitation, experimental social psychology,* 185, 1972, Pp. 236-248.

Croizet J.-C. et Leyens J.-P., *Mauvaises réputations. Réalités et enjeux de la stigmatisation sociale,* Armand Colin, 2003.

Crutchfield R., "Conformity and Character", *American Psychologist*, 10, 1955, Pp. 191-198.

Darley J. et Latané B., « Bystander intervention in emergencies: Diffusion of responsibility", *Journal of Personnality and Social Psychology*, 8, 1968, Pp. 377-383.

De Brabandere L. et Mikolajczak A., *Petite philosophie de nos erreurs quotidiennes,* Eyrolles, 2011.

Delouvee S., *Pourquoi faisons-nous des choses stupides ou irrationnelles ?,* Dunod, 2011.

Deschamps J.-C. et Moliner P., *L'identité en psychologie sociale : des processus d'identification aux représentations sociales*, Armand Colin, 2e édition, 2008.

Dobelli R., *Arrêtez de vous tromper ! : 52 erreurs de jugement qu'il vaut mieux laisser aux autres...*, Eyrolles, 2012.

Drozda-Senkowska E., *Irrationalités collectives*, Delachaux et Niestlé, 1995.

Everaere C., *Autonomie et collectifs de travail*, ANACT, 1999.

Festinger L., "A Theory of Social Comparison Processes", *Human Relations*, vol. 7, Issue 2, 1954, Pp. 117-140.

Festinger L., *A theory of cognitive dissonance*, Stanford University Press, 1957.

Galinsky A. D. et Mussweiler T., "First offers as anchors: The role of perspective-taking and negotiator focus", *Journal of Personality and Social Psychology*, 81, 2001, Pp. 657-669.

Gaunand A., *Le leadership agile. 7 leviers pour aider votre équipe à innover*, Eyrolles, 2017.

Getz I., *La liberté, ça marche ! L'entreprise libérée, les textes qui l'ont inspirée, les pionniers qui l'ont bâtie*, Flammarion, 2016.

Greselle-Zaïbet O., « Vers l'intelligence collective des équipes de travail : une étude de cas », *Management & Avenir*, 14, 2007, Pp. 41-59.

Grésy B., *Petit traité contre le sexisme ordinaire*, Albin Michel, 2009.

Grésy J.-E., Émont P. et Pérez Nückel R., *Gérer les risques psychosociaux. Performance et bien-être au travail*, ESF Éditeur, 3e édition, 2016.

Grésy J.-E., *Gérez les ingérables. L'art et la science de la négociation au service de relations durables*, ESF Éditeur, 3e édition, 2015.

Grésy J.-E., Ohana J. et Pérez Nückel R., *Comment les négociateurs réussissent*, De Boeck, 2017.

Guéguen N., *Psychologie de la manipulation et de la soumission*, Dunod, 2014.

Harkins S. G. et Szymanski K., *Group processes and intergroup relations*, Sage Publication, 1987.

Hofling C. K., Brotzman E., Dalrymple S., Graves N. et Pierce C. M., "An experimental study of nurse-physician relationships", *Journal of Nervous and Mental Disease*, 143, 1966, Pp. 171-180.

Hogg M. A., *The social psychology of group cohesiveness: From attraction to social identity*, Harverster, 1992.

IMS entreprendre pour la Cité, *Les stéréotypes sur les générations : comprendre et agir dans l'entreprise*, 2015.

Isenberg D., "Group polarization. A critical review and meta-analysis", *Journal of Personality and Social Psychology*, 6, 1986.

Jacquard A., *Mon utopie*, Le livre de Poche, 2008.

Joulé R.-V. et Beauvois J.-L., *La soumission librement consentie. Comment amener les gens à faire librement ce qu'ils doivent faire ?*, Presses universitaires de France, 7e édition, 2017.

Kahneman D., *Système 1/système 2 : les deux vitesses de la pensée*, Flammarion, 2012.

Karau S. J. et Williams K. D., "Social-Loafing: A Meta-analytic Review and Theoretical Integration", *Journal of Personality and Social Psychology*, 65, 1993, Pp. 681-706.

Kuhn M. H. et Mcpartland T. S., "An empirical investigation of self-attitudes", *American Sociological Review*, 19, 1954, Pp. 68-76.

Langer E. J., "The Illusion of Control", *Journal of Personality and Social Psychology*, 32, 1975, Pp. 311-328.

Latané B. et Darley J., "Bystander intervention in emergencies: Diffusion of responsibility", *Journal of Personality and Social Psychology*, 8, 1968, Pp. 377-383.

Lemaine G., « Différenciation sociale et originalité sociale », *in Doise W., Expériences entre groupes*, Mouton, 1979.

Lewin K., *Resolving social conflicts*, Harper and Brothers, 1948.

Lewin K., Lippitt R. et White R. K., "Patterns of aggressive behavior in experimentally created social climates", *Journal of Social Psychology*, 10, 1939, Pp. 271-299.

Leplat J. et De Terssac G., *Les facteurs humains de la fiabilité dans les systèmes complexes*, Octares, 1990.

Lothon F. et Carfantan J., *Devenir une entreprise agile*, L'Agiliste, 2017.

Milgram S., *Obedience to Authority: an experimental view*, New York, 1974.

Morel C., *Les décisions absurdes. Sociologie des erreurs radicales et persistantes*, Gallimard, 2002.

Morel C., *Les décisions absurdes, volume II. Comment les éviter ?*, Gallimard, 2012.

Moscovici S., *Psychologie des minorités actives*, Presses universitaires de France, 1982.

Moscovici S., *La psychologie sociale*, Presses universitaires de France, 1984.

Moscovici S., "Towards a theory of conversion behaviour", *in* Berkowitz L. (dir.), *Advances in Experimental Social Psychology*, Academic Press, 1980, Pp. 209-239.

Moscovici S. et Zavalloni M., "The group as a polarizer of attitudes", *Journal of Personality and Social Psychology*, 12, 1969, Pp. 125-135.

Moscovici S., Lage E. et Naffrechoux M., "Influence of a Consistent Minority on the Responses of a Majority in a Color Perception Task", *Sociometry*, 32, 1969, p. 365.

Mugny G. et Perez J.-A., *The social psychology of minority influence*, Cambridge University Press, 1991.

Nalebuff B. et Brandenburger A.-M., *Coopetition*, Harper Collins Business, 1996.

Penalva J.-M. et Montmain J., *Travail collaboratif et intelligence collective : les référentiels de connaissances*, IPMU, 2004.

Pétard J.-P., *Psychologie sociale*, Bréal, 2007.

Porter M., *How Competitive Forces Shape Strategy*, Harvard Business Review, 42, 1979, Pp. 137-145.

Ribette R., « Les stratégies d'élaboration et de transmission des connaissances : construits individuels et construits collectifs », *Revue internationale de systémique*, 9, 1995, p. 167-182.

Ribette R., *« Approche systémique et GRH »*, Personnel, 415, 2000.

Robertson B. J., *La révolution Holacracy. Le système de management des entreprises performantes*, Alisio, 2016.

Rokeach M., *The open and closed mind: investigations into the nature of belief systems and personality systems*, Basic Books, 1960.

Rouquette M.-L., *La rumeur et le meurtre : l'affaire Fualdès*, Presses universitaires de France, 1992.

Scharnitzky P., *« La fonction sociale de la rumeur », Migrations Société*, 19, 2007, Pp. 1-13.

Scharnitzky P., *Les stéréotypes en entreprise : les comprendre pour mieux les apprivoiser*, Eyrolles, 2015.

Scharnitzky P. et Stone P., *L'inclusion : de la posture à la pratique*, AFMD, 2018.

Sherif M., *The psychology of social norms*, Harper and Row, 1936.

Sherif M. et Hovland C. I., *Social Judgment: assimilation and contrast effect in communication and attitude change*, Yale University Press, 1965.

Sherif M., *Group conflict and cooperation*, Routledge & Kegan Paul, 1966.

Sinek S., *Start with why. How great leaders inspire everyone to take actions*, Performance, 2009.

Stang D., "Conformity, ability and self-esteem", *Representative Research in Social Psychology*, 3, 1972, Pp. 97-103.

Tajfel H., *Social identity and intergroup relations*, Cambridge University Press, 1982.

Tajfel H., "Cognitive aspects of prejudice", *Journal of Social Issues*, 25, 1969, Pp. 79-97.

Tajfel H. et Turner J.-C., "An integrative theory of intergroup conflict", *The Social Psychology of Intergroup Relations*, 33, 1979.

Triplett N., "The dynamogenic factors in pacemaking and competition", *American Journal of Psychology*, 9, 1898, Pp. 507-533.

Vroom V., *Work and motivation*, Wiley, 1964.

Weick K. E., Roberts K. H., "Collective mind in organizations: Heedful interrelating", *Administrative Science Quarterly*, 38, 1993, Pp. 357-381.

White R. K. et Lippitt R., *Autocracy & democracy: an experimental inquiry*, Harper & Brothers, 1960.

Zara O., *Le management de l'intelligence collective : vers une nouvelle gouvernance, CreateSpace Independent Publishing Platform,* 3e édition, 2016.

Zimbardo P., Haney C., Banks W. C. et Jaffe D., *The Stanford Prison Experiment: A Simulation Study of the Psychology of Imprisonment*, Stanford University, 1971.

Zavalloni M. et Louis-Guerin C., *Identité sociale et conscience. Introduction à l'égo-écologie*, Presses universitaires de Montréal, 1984.

www.ingramcontent.com/pod-product-compliance
Ingram Content Group UK Ltd.
Pitfield, Milton Keynes, MK11 3LW, UK
UKHW022013260726
13994UKWH00006B/2446